석학
人文
강좌
14

세계대공황

석학人文강좌 **14**
세계대공황 – 자본주의의 종말과 새로운 사회의 사이

2011년 5월 9일   초판 1쇄 발행
2021년 6월 7일   초판 5쇄 발행

지은이	김수행
펴낸이	한철희
펴낸곳	돌베개
책임편집	이경아 · 최혜리
편집	조성웅 · 소은주 · 권영민 · 이현화 · 김진구 · 김태권 · 김혜영
디자인	이은정 · 박정영
디자인기획	민진기디자인

등록	1979년 8월 25일 제406-2003-000018호
주소	(10881) 경기도 파주시 회동길 77-20 (문발동)
전화	(031) 955-5020
팩스	(031) 955-5050
홈페이지	www.dolbegae.co.kr
전자우편	book@dolbegae.co.kr

ISBN 978-89-7199-428-3 94320
ISBN 978-89-7199-331-6 (세트)

이 도서의 국립중앙도서관 출판시도서목록(CIP)은
e-CIP 홈페이지(http://www.nl.go.kr/ecip)에서
이용하실 수 있습니다. (CIP제어번호: CIP2011001831)

이 저서는 '한국연구재단 석학과 함께하는 인문강좌'의 지원을 받아 출판된 책입니다.

석학
人文
강좌
14

세계대공황

자본주의의 종말과 새로운 사회의 사이

김수행 지음

돌베
개

2011년 4월 지금 인류는 21세기에 맞은 첫 세계대공황의 소용돌이 속에서 엄청난 고통을 겪고 있습니다. 한편으로는 많은 사람들이 일자리를 잃었고, 특히 청년층은 거의 30%가 실업자이며, 정규직이 사라지면서 비정규직이 점점 더 큰 비중을 차지하고, 임금수준은 최저생계비에 미치지도 못할 수준이며, 빈곤의 증가와 자신감 상실로 사회질서가 무너지고 있습니다. 다른 한편으로 각국 정부와 여당은 아직도 저금리 정책과 금융 확장 정책을 통해 증권시장과 주택시장에 거품을 만들어 부자들이 서민들의 주머니를 털게 하고 있으며, 사회복지의 필요성을 부정하고 부자를 위해 세금을 감면함으로써 빈부 격차를 심화하여 내수시장의 활기를 죽이고, 점점 더 국가 사이의 무역 전쟁과 환율 전쟁을 자극하고 있으며, 이라크와 아프가니스탄에서의 전쟁을 확대할 뿐 아니라 다른 지역에서도 전쟁을 일으킬 준비를 하고 있습니다.

이런 정부와 자본가계급에 대항할 수 있는 힘은 점점 더 쇠약해지고 있습니다. 노동자들은 '목구멍이 포도청'이라 정부와 기업에 저항하기보다는 주식에 투자하여 어떻게든 이 공황을 지나가려고 마음먹고 있고, 청년들은 자꾸 줄어드는 일자리를 서로 차지하려고 스펙 쌓기에 열중하느라 마음의 평안을 얻지 못하며, 정치인과 지식인들은 일반 시민들의 성향이 여전히 우파적이라고 속단하여 정부나 여당과 거의 대동소이한 정책이나 사상을 제시하기 때문입니다. 대다수 주민들의 불만이 쌓이고 있지만 폭발하지 못하는 이유는 우리가 지금의 공황을 제대로 이해하지 못하고, 따라서 이 비참한 공황 상태를 해소할 수 있는 올바른 길을 찾지 못하고 있기 때문일 것입니다.

2008년에 시작된 이번의 세계대공황은 1930~1938년과 1974~1982년의 세계대공황 다음으로 나타난 세 번째 대공황이며, 앞으로 상당히 오랫동안 계속될 것으로 보입니다. 세계대공황은 이론적으로는 경기순환상의 공황 국면이지만, 현실적으로는 기존의 자본축적 방식과 국내의 계급 관계 및 세계 질서를 재편하지 않고서는 극복할 수 없는 구조적인 성격을 지니고 있습니다.

1930년대의 세계대공황은 루스벨트의 뉴딜 정책이나 히틀러의 파시즘에 의해서가 아니라 1939~1945년의 제2차 세계대전에 의해 극복되었습니다. 각국 정부는 "시장에 맡기면 모든 문제가 해결된다"는 전통적인 '시장 만능주의' 즉 '자유방임주의'를 버리고, 생필품의 배급, 군수

산업의 확대, 실업자의 군대 동원을 통해 대공황에서 탈출한 것입니다.

제2차 세계대전이 끝난 직후 경기후퇴가 다시 나타나자, 유권자들은 "전쟁 시기에도 완전고용과 생산 설비의 완전 가동을 실현한 우리가 왜 평화 시기에는 이것을 달성할 수 없는가?"를 외치면서 완전고용·복지국가·혼합경제를 모든 정당이 추구해야만 하는 '사회적 합의'로 격상시켰습니다. 자본주의 체제의 대전환이었으며, 이리하여 1970년까지 경제성장과 사회복지 사이의 선순환이 이루어지는 '자본주의의 황금기'가 계속된 것입니다.

1974년에 석유 가격 인상이 주요한 방아쇠가 되어 대공황이 다시 폭발하자, 자본가계급과 우파 경제학자 및 우파 정치인은 공황을 극복하기 위해서는 자본가계급의 '투자 의욕'을 진작시켜야 하기 때문에, 완전고용·복지국가·혼합경제라는 사회적 합의를 폐기해야 한다고 날뛰었습니다. 이것이 이른바 '신자유주의'입니다. 우파가 위의 사회적 합의를 반대하는 이유는 다음과 같았습니다. 노동자가 생활의 안정을 찾게 되자 자본가의 명령에 복종하지 않게 되었고, 공공의 영역(무상의 학교·병원·연금 등)이 확대되면서 사적 이윤을 추구할 기회가 점점 더 좁아졌으며, 사회보장제도를 지탱하기 위해 점점 더 많은 세금을 납부하지 않을 수 없게 돼 버렸다는 것입니다. 1979년 5월에 집권한 영국의 대처와 1980년 11월에 당선된 미국의 레이건이 그 논리에 따라 '비즈니스 프렌들리'(친기업) 신자유주의를 강력하게 실천했는데, 이 신자유주의가 2008년의 세계대공황이 터질 때까지 세계를 지배했고 2011년인 지금도 사실상 지배하고 있습니다.

초기의 신자유주의는 경기후퇴 국면인데도 불구하고 재정·금융 긴축 정책을 실시해 실업자를 '일부러' 더 만들어냈고, 부자들의 투자 의욕을 강화하기 위해 부자 감세를 대규모로 단행했으며, 주민을 위한 복지 서비스를 대폭 삭감하면서 경찰 병력과 군사비를 확장했습니다. 미국과 영국의 신자유주의 정부는 IMF·IBRD·WTO를 통해 개발도상국(이하 '개도국') 정부에게도 자유화와 개방화를 강요함으로써, 선진국의 자본(산업자본·상업자본·금융자본)이 개도국을 마음대로 약탈하게 했고, 자원을 독점하기 위해 이라크와 아프가니스탄을 침략했습니다.

신자유주의 30년의 결과는 노동계급의 세력 약화, 지배층의 도덕 불감증 만연, 민주주의의 큰 후퇴, 제국주의적 침략 전쟁의 강화, 자연의 대규모 훼손, 일국과 세계의 소득 격차 확대, 기생적인 금융 투기 활동의 격증, 실업자의 증가, 세계적 독과점의 큰 진전, 강대국 사이의 불균등 발전, 국제통화제도의 취약화 등이었습니다. 결국 신자유주의는 1974~1982년의 대공황을 극복하지 못하고 금융 붐과 붕괴가 반복되는 불안정한 경제를 탄생시켜 2008년의 대공황을 야기했으며, 아직도 세계대공황을 끝내지 못하고 있을 뿐 아니라 이 세계대공황을 인류 역사상 최악의 대공황으로 격상시키고 있는 중입니다.

지금 우리는 놀랄 만한 과학기술과 효율적인 공장 설비 및 숙련된 노동 인력을 가지고 있어 생산능력이 역사상 최고 수준이면서도, 인류의 대부분이 의식주 생활을 걱정해야 하는 '야릇한 경제체제' 속에서 살고 있습니다. 이 야릇한 현상은 사회의 모든 생산수단(기술·공장·기계·돈·토지 등)을 소유하고 있는 자본가들이 지금 생산수단을 사용하여 생산을 개시하면 이윤을 얻을 수 없다고 예상하여 사회의 생산수단을 놀리고 있기 때문에 나타나는 현상입니다. 이제 우리가 사회의 생산수단을 자본가 개인의 소유로부터 사회 전체의 소유로 이전시켜서, 그 생산수단을 개인의 치부를 위해 사용하지 말고 모든 주민의 필요와 욕구를 충족시키기 위해 사용한다면, 지금과 같은 비참한 생활을 종식시킬 수 있습니다.

그리고 모두가 함께 일하면서 자유롭고 평등하며 서로서로 돕고 사는 새로운 사회를 수립하면, 경기순환도 없어지고 공황 국면도 사라집니다. 무상급식·무상교육·무상의료·무상연금 등 이른바 '무상 시리즈'를 어디까지라도 확대할 수 있습니다. 우리 모두가 함께 일하면서 균등하게 나누어 가지기 때문입니다. 한국 정부는 2010년 1인당 국민소득이 2만 달러(약 2,000만 원)라고 발표했는데, 이것은 2009년에 사용한 공장·기계·원료를 보충하고 난 뒤, 갓난아기부터 백 세 노인까지 모든 사람에게 세금을 공제하고도 1년에 2,000만 원씩을 나누어 줄 수 있다는 이야기입니다. 이렇게 되면 4인 가족이 1년에 8,000만 원(월 667만 원)을 쓸 수 있기 때문에, 모든 가정에서 돈 때문에 걱정하고 자살하는 '사건'은 완전히 사라질 것입니다. 이전의 자본가들과 우파들도 모두 함께 일하면서 평등하고 평화롭게 살 수 있습니다. 자본주의에서처럼 경쟁적으로 너무 많이 생산해서 세계시장을 개척하려고 무역 전쟁·환율 전쟁·무력 충돌을 할 필요도 없고, 한창 자기의 전공 분야에 몰두해야 할 청년을 가기 싫은 군대에 끌고 가서 자살하게 하는 인권 말살도 없어지며, 주식이나 아파트 투기를 통해 남의 주머니를 털어 혼자 부자가 되려고 하다가 청문회에서 모욕을 당하는 일도 없게 됩니다.

이미 세계 곳곳에서 신자유주의와 자본주의에 저항하는 민중의 시위가 대규모로 일어나고 있습니다. 2010년 5월부터 유럽에서는, 금융기업에 대한 구제금융과 부자 감세 및 공황에 따른 세수 감소로 말미암은 예산 적자와 국가 채무를 서민들의 생활수준과 복지 서비스의 희생을 통해 메우려는 신자유주의적 국가정책에 대항하여, 그리스·포르투갈·아일랜드·스페인·영국·프랑스 등의 민중이 시위를 계속하고 있습니다. 2011년 1월부터는 중동과 아프리카의 민중이 수십 년 동안의 억압과 수탈에 대항하여 외세 의존적이고 신자유주의적인 독재 정권을 타도하기 시작했고, 2월부터는 미국 각 주 정부가 예산 적자를 메우려고 시도하는 학교·보건소·도서관·소방서·공원 등의 폐쇄와 축소 및 노인과 저소득층에 대한 지원 삭감을 저지하기 위해 대중이 주 정부 청사를 점거하는 사태가 벌어지고 있습니다. 3월에 발생한 일본의 대지진과 쓰나미 및 원자력 발전소의 방사성 물질 누출은 세계경제를 더욱 침체의 늪에 빠지게 할 것이며, 세계의 민중은 자본주의와 신자유주의에 더욱 큰 함성으로 책임을 묻게 될 것입니다.

　이 책은 이번의 세계대공황이 미국의 금융위기와 금융공황에서 출발했다고 봅니다. 따라서 미국 금융제도와 금융시장을 중점적으로 검토하면서, 우리가 모델로 삼고 있는 미국 경제와 사회가 얼마나 불평등하고 억압적이며 우파적인가를 지적하려고 합니다. 특히 오바마의 친기업 정책이 대공황을 극복하는 데 큰 장애가 되고 있어 대공황이 오랫동안 계속될 가능성이 있다는 점도 지적하려고 합니다.

　우리 모두가 공황을 이해하게 되면, 자본주의가 아닌 '새로운 사회'를 건설해야 하는 충분한 이유를 찾을 수 있을 것입니다.

　건투!

2011년 4월 22일

산본에서

김수행 드림

차례

1장

—

경기순환과 공황 국면

'세계대공황'이라는 역사적 사건을 설명하려면 먼저 '공황'이 무엇인가를 이론적으로 밝힌 뒤, '세계적인 규모'의 공황이 발생하게 되는 과정을 지적해야 할 것입니다. 이를 위해서는 경제가 잘 나가다가 장애물을 만나 침체에 빠지고 그 장애물이 사라져 다시 제대로 진행하기를 끊임없이 반복한다는 경기순환론을 인정해야 할 것입니다. 이러한 개념은 경제를 장기적인 관점에서 관찰하게 합니다. 자본주의 경제가 일직선으로 몰락하는 것이었다면, 훨씬 이전에 망했을 것입니다.

그다음으로 경기순환에서 '공황 국면'은 어떤 위치인가를 알아보겠습니다. 요사이는 '경제위기'라는 용어가 판을 쳐서 옛날의 '공황'이라는 용어가 사라졌지만, 저는 '위험한 고비나 시기'를 가리키는 '위기'를 경기순환상 공황과는 다른 국면으로 분리시키기로 했습니다.

1. 끊임없이 변동하는 경제지표

경제성장률

경제 성장률은 '실질 국내총생산'의 연간 증가율로써 표시합니다. '국내총생산' GDP(Gross Domestic Product)는 한 나라의 '영토'에서 1년 동안 생산한 재화와 서비스의 총액을 가리킵니다. 예컨대 한국의 2009년도 국내총생산이 1,063조 590억 원이었다는 것은 2009년 한 해 동안 대한민국이라는 나라의 영토 안에서 한국인과 외국인 모두가 생산한 재화와 서비스를 '시장가격'으로 평가한 것이 그만큼이라는 뜻입니다. 이것을 '명목 국내총생산'이라고 부릅니다. 그러나 경제성장률은 한 해 동안의 재화와 서비스 '생산량'이 전년도의 생산량보다 얼마나 증가했는가를 가리키는 것이기 때문에, 명목 국내총생산에서 먼저 1년 동안의 물가 상승률만큼을 빼서 '실질 국내총생산'을 계산해야 할 것입니다. 그렇게 따져 본 결과 2009년도의 실질 국내총생산이 2008년도의 실질 국내총생산보다 0.2%만큼 증가했기 때문에, 2009년도의 경제성장률이 0.2%가 된 것입니다.

2008년 9월에 시작된 이번의 세계대공황이 미국에서 발생하여 세

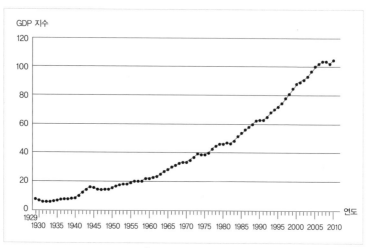

출처: BEA(Bureau of Economic Analysis)[1]

〈그림 1-1〉 미국 실질 GDP 지수의 추이 (1929~2010, 2005년 실질 GDP=100)

계적으로 전파되었다는 점에서 우리는 미국 경제를 좀 더 깊게 연구해야 할 것입니다. 〈그림 1-1〉은 미국 상무부가 매년 발표하는 '실질 국내총생산'의 규모가 지난 82년 동안 어떻게 변화했는가를 보여줍니다. 이는 물가 변동(또는 미국 달러 가치의 변동)이 일으키는 문제를 없애기 위해, 2005년의 실질 국내총생산 규모를 100으로 삼아, 각연도의 국내총생산 규모를 표시한 것입니다. 1929년의 실질 GDP 지수가 7.730이었고 2010년의 실질 GDP 지수가 104.825였으니까, 82년 동안 미국의 실질 GDP는 13.6배 증가한 것입니다. 실질 GDP의 추이는 증가했다가 감소했다가를 반복하고 있지만 눈금의 간격

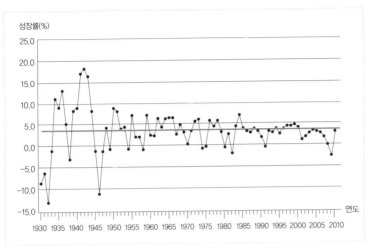

성장률(%)

출처: BEA[2]

〈그림 1-2〉 미국의 실질 GDP 성장률 (1930~2010)

이 너무 조밀해서 제대로 나타나지를 않습니다. 1929년부터 2010년까지를 잇는 곡선 모양의 '추세선'(trend)을 하나 덧그린다면, 실질 GDP가 이 추세선을 중심으로 올라가고 내려가는 순환 운동을 하고 있음을 확인할 수가 있을 것입니다.

위의 실질 GDP 지수를 토대로 하여 경제성장률을 구해 보면 순환 운동을 훨씬 분명하게 관찰할 수 있습니다. 〈그림 1-2〉는 미국의 경제성장률(=실질 국내총생산 증가율) 가운데서 81년 동안(1930~2010)을 그려본 것입니다. 이 그림에서 보면 경제성장률은 매우 크게 변동하고 있습니다. 1932년에는 실질 국내총생산이 13.1%나 격감했는데,

1942년에는 18.5%나 격증하고 있습니다. 1932년의 거대한 마이너스 경제성장률은 1929년 10월에 일어난 뉴욕 증권시장의 대폭락에 뒤이은 세계대공황 때문이었고, 1942년의 경제성장률이 높은 것은 제2차 세계대전(1939~1945)이 점점 더 확대되면서 군수산업을 중심으로 생산이 증가하고 실업자가 대거 군인으로 동원되었기 때문입니다. 그림의 녹색 선은 1930~2010년(즉 81년 동안)의 연평균 성장률 3.4%를 가리킵니다. 이 녹색 선을 기준으로 미국 경제가 어떤 해에는 그보다 높게 성장했고 또 어떤 해에는 그보다 낮게 성장했다는 것을 알 수 있습니다. 다시 말해 이 평균 선을 중심으로 미국의 경제성장률은 올라가고 내려가는 순환 운동을 반복하고 있는 것입니다.

실업률

실업률은 실업자의 수를 경제활동인구로 나눈 값입니다. 미국의 경우, 경제활동인구는 만 16세(한국은 만 15세) 이상의 '인구'에서 '비' 경제활동인구(가사나 육아에 종사하는 사람, 학생, 심신장애인, 그냥 쉬고 있는 사람, 죄수 등)를 뺀 사람의 숫자입니다. 그리고 실업자는 조사 기간 한 주 동안에 1시간이라도 수입이 있는 일을 한 적이 없고, 지난 4주간 일자리를 찾아 적극적으로 구직 활동을 한 사람을 가리킵니다.

〈그림 1-3〉은 미국 노동부가 '가계조사'를 통해 수집하는 실업률을 71년 동안(1940~2010) 추적해 본 것입니다. 이 그림에서는 1940년의 실업률이 14.6%로서 가장 높지만, 이 그림에는 없는 1933년의 실

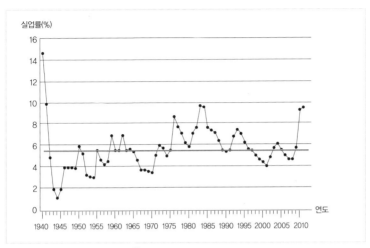

실업률(%)

출처: BLS(Bureau of Labor Statistics)[3]

〈그림 1-3〉 미국의 연도별 실업률(1940~2010)

업률은 35.3%에 달했고, 1938년의 실업률도 26.4%였다는 추계가
있습니다. 2010년의 실업률은 9.6%였습니다.

즉 실업률도 경제성장률과 마찬가지로 매우 심하게 변동하는 것
을 볼 수 있으며, 매년의 현실적 실업률 역시 71년 동안의 연평균 실
업률 5.7%(녹색 선)를 중심으로 올라가고 내려가기를 반복하며 일정
한 순환을 이루고 있는 것을 알 수 있습니다.

2. 경기순환의 국면들

주류 경제학이 말하는 '경기후퇴'

위에서 우리는 경제성장률과 실업률이 어떤 기준선을 중심으로 아래로 위로 변동하면서 순환 운동을 계속하고 있는 것을 보았는데, 이것을 확대해석하면 경제활동도 어떤 기준선을 중심으로 순환운동을 계속한다고 이야기할 수 있을 것입니다. 이것을 '경제변동', '경기변동', '경기순환'이라고 부릅니다.

주류 경제학은 기본적으로 "시장에 맡기면 자유경쟁에 의해 경제는 항상 최적의 상태에 있게 된다"를 '사도신경'처럼 외우고 있기 때문에, 경제성장률의 급격한 하락이나 대규모 실업의 발생 등은 일어날 수 없다고 믿습니다. 그런데 만약 이런 '불가사의'가 일어나 문제가 되는 경우, 주류 경제학은 밑도 끝도 없이 "시장의 자유경쟁에 누가 개입했기 때문이다"라고 말할 뿐입니다. 그러나 재벌과 같은 독점적인 기업의 출현이나 정부의 개입에 의해, '자유경쟁 시장'은 사실상 존재한 적이 없으며 이론적인 가설로 존재할 따름입니다.

그런데 미국의 전국경제조사국 NBER(National Bureau of Economic

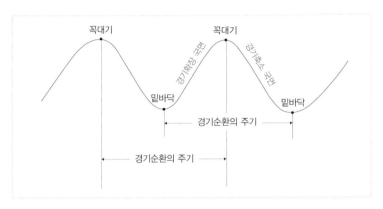

〈그림 1-4〉 미국 전국경제조사국의 경기순환 모델

Research)은 주류 경제학자들의 민간 연구 단체이지만, 경기순환을 깊이 연구하고 있습니다. 특히 그들은 경기후퇴(recession)의 시작과 끝을 가리키는 시점을 찾아내는 데 몰두하고 있습니다. 경기후퇴의 시작은 '경제활동' ─ 실질 국내총생산, 취업자, 실질소득, 도매액·소매액 지수, 산업생산지수 등으로 측정하는 ─ 이 최고도에 달한 꼭대기(peak)에서부터 축소하기 시작하는 시점이고, 경기후퇴의 끝은 경제활동이 가장 밑바닥(trough)으로부터 확장하기 시작하는 시점을 가리킵니다. 그러므로 전국경제조사국에 따르면, 경제는 이전의 밑바닥에서 꼭대기로 올라가는 경기확장 국면과, 꼭대기에서 새로운 밑바닥으로 내려가는 경기축소 국면을 반복하고 있을 뿐입니다.(〈그림 1-4〉 참조) 따라서 경제활동의 꼭대기와 밑바닥의 시점을 확정하는 것이 NBER의 경기순환 시점확정위원회의 가장 중요한 연구 과제입니다.

실질 국내총생산이 두 개의 4분기(즉 6개월) 동안 계속 하락하면 경기후퇴라고 보는 경제학자들이 많지만, 시점확정위원회는 경기후퇴를 그렇게 정의하지 않습니다. 시점확정위원회는 가장 최근의 꼭대기가 2007년 12월이었다는 것을 2008년 12월 1일에 발표했고, 2010년 4월 12일에는 2007년 12월이 꼭대기였음을 다시 한 번 확인했습니다.

시점확정위원회는 2008년 12월 1일에 "2007년 12월을 경제활동의 꼭대기로 결정한다"고 발표하면서, 경기후퇴인가 아닌가를 결정할 때는 주가 폭락 등에 의거하는 것이 아니라 경제활동의 전체적인 척도인 '국내생산'과 '고용'의 현실적인 동향에 의거하고 있다고 다음과 같이 말했습니다.

경기후퇴는 경제 전체에 걸쳐 경제활동이 2~3개월 이상 계속 현저하게 위축되는 것을 가리키며, 생산·고용·실질소득과 기타 지표로써 알아볼 수 있는 것이 보통입니다. 경기후퇴는 경제가 활동의 꼭대기에 도달할 때 시작되며, 경제가 활동의 밑바닥에 이르면 끝납니다. 밑바닥과 꼭대기 사이에서는 경제가 확장합니다.

경기후퇴는 경제의 한 부문에 국한된 축소가 아니라 경제 전체의 축소이기 때문에, 시점확정위원회는 경제활동의 전체적인 척도들을 강조하고 있습니다. 위원회는 국내생산과 고용을 경제활동의 가장 주요한 개념적 척도로 여깁니다. 위원회는 다수의 고용주를 조사해 작성하는 지표인 '종업원 수'가 고용에 관한 가장 믿을 만한 포괄적 추계라고 생각하니다.* 이 시계열(time series)이 2007년 12월 꼭대기에 도달했으며 그 이후 매달 감소했습니다.

위원회는 국내생산을 집계한 가장 믿을 만하고 포괄적인 지표는 상무부 경제분석국에서 작성하는 '실질 국내총생산의 분기별 추계'와 '실질 국내총소득의 분기별 추계'라고 생각합니다. 개념적으로는 두 추계가 동일해야 합니다. 왜냐하면 생산물의 판매액이 생산자와 노동자에게 소득을 주기 때문입니다. 그러나 생산 측과 소득 측에 관한 측정이 다소 독립적으로 이루어지기 때문에, 현실적으로 두 가지 숫자는 통계적인 오차만큼 차이가 납니다. 생산 측의 추계는 2007년 4/4분기에 약간 떨어졌다가 2008년 1/4분기에 약간 증가했고 2008년 2/4분기에도 증가했지만 2008년 3/4분기에는 약간 감소했습니다. 소득 측 추계는 2007년 3/4분기에 꼭대기에 이르렀고, 2007년 4/4분기와 2008년 1/4분기에 약간 떨어졌으며, 2008년 2/4분기에는 약간 상승해 2007년 3/4분기의 꼭대기보다 약간 낮은 수준에 이르렀는데, 2008년 3/4분기에는 또다시 떨어졌습니다. 따라서 집계적인 국내생산에 관해 현재 이용할 수 있는 분기별 추계로써는 경제활동의 꼭대기 시점을 분명히 말할 수가 없습니다. 위원회가 고찰한 기타의 지표들― 예컨대 이전지급(사회보장제도에 의해 받는 실업 수당, 연금 급여, 소득 보조 등)을 뺀 실질 개인소득, 실질 공산품 판매액, 도소매 판매액, 산업생산, 가계조사에 의거한 고용 추계 등―도 모두 2007

---

* 고용 통계에는 고용주로부터 자료를 수집하는 '종업원 수 조사'(payroll survey)와 가계로부터 자료를 수집하는 '가계조사'(household survey)가 있는데, 전자는 비농업 노동자만을 대상으로 하고 있으며, 후자는 비농업 노동자·농업 종사자·자영업자 등을 포함하고 있습니다.

년 11월과 2008년 6월 사이에 꼭대기에 이르렀습니다.

위원회는 2008년도에 나타난 경제활동의 축소가, 위에서 말한 경기후퇴의 시점이 정확함을 증명한다는 결론을 내렸습니다. 국내생산에 관한 분기별 생산 측의 숫자가 모호하게 변동한 것을 제외하면 모든 증거가 우리의 결론을 확인해 주었습니다.[4]

또한 시점확정위원회는 2010년 4월 12일의 회의에서 "2007년 12월에 경기후퇴가 시작되었다"는 점을 다시 확인했고, 나아가서 미국경제와 세계경제가 이미 경기후퇴로부터 회복하여 확장 국면에 들어갔다는 주장을 반박하면서, "아직 밑바닥에 도달하지 않았다"며 다음과 같이 강조했습니다.

위원회는 2007년 12월에 시작된 경기후퇴의 끝을 가리키는 경제활동의 밑바닥 시점을 확정하기 위해 적합한 지표들의 최신 자료들을 모두 검토했습니다. 밑바닥 시점은 축소의 끝과 확장의 시작을 알려 줄 것입니다. 대부분의 지표들이 상승하기 시작했지만, 위원회는 현재의 자료들에 의거해서 밑바닥 시점을 확정하는 것이 너무 이르다고 결정했습니다. 다수의 지표들은 아직 임시적인 성격의 것이며 다가오는 달들에 수정될 것입니다. 위원회는 경제활동의 꼭대기와 밑바닥의 시점을 결정할 때, 오직 현재의 지표들만 검토할 뿐이고 미래 예측에는 전혀 의거하지 않습니다. 위원회는 현재의 경기후퇴의 시작을 알리는 꼭대기 시점 — 우리가 2007년 12월이라고 이전에 결정한 바 있습니다 — 에 관련된 자료들을 검토했

으며, 그 꼭대기 시점을 다시 확인했습니다.[5]

그런데 2010년 9월 19일의 회의에서 시점확정위원회는 "미국 경제는 2009년 6월에 경제활동의 밑바닥에 닿았다"고 결론 내렸습니다. 그러면서 다음과 같이 발표했습니다.

밑바닥이 2009년 6월에 있었다고 결정하면서, 위원회는 경제 상황이 6월이래 좋아졌다든지 경제가 정상적인 가동률로 작업하게 되었다는 결론을 내리지 않았습니다. (…) 경제활동이 정상 수준 이하인 경우는 확장 국면의 초기 단계에서는 일반적이고, 확장 국면이 제법 진행되었을 때까지 지속되는 경우도 가끔 있습니다. 앞으로의 경제 하락세는 2007년 12월에 시작된 경기후퇴의 계속이 아니라 새로운 경기후퇴인 것이라고 위원회는 결정했습니다.[6]

시점확정위원회는 2009년 6월을 경기후퇴의 종점이라고 결론 내렸지만, 그 이후 계속 실업률은 높고 경기회복 속도는 더뎌서 경기확장의 시점을 찾기가 어려웠다는 점을 인정하고 있습니다. 사실상 2007년 12월 이래의 경기후퇴는 미국의 국제경제 관계의 문제점 — 무역수지의 적자 확대, 생산자본의 해외 이동에 따른 일자리 축소와 투자 감소, 달러 패권의 약화, 무역 전쟁과 환율 전쟁 등 — 과 밀접히 결부되어 있기 때문에 국내의 경제적인 지표로만 경기후퇴의 종점을 찾기가 매우 어려웠을 것입니다. 더욱이 경제의 과제가 금융기업들에게 긴급 구제금융을 제공하는 재정·금융 확장 정책에서 국가 채무를 삭감하는 긴축·내핍 정책으로 전환되면서 일반 시민들의 반 정부 시위가 격화되는 상황이니까, 실질 국내총생산이나 실질 국내 총소득에 의거하여 경기 확장의 '분명한' 시작을 이야기하는 것이 또한 매우 어려웠을 것입니다.

그러나 NBER이 경기후퇴의 시작과 끝을 결정할 때 미래에 관한 예측에 의거하지 않고 '현재의 경제상황'에 의거하고 있다는 점과, 현재의 경제 상황을 파악하기 위해서는 경제 전체에 걸친 경제활동 을 검토해야 하며 그 작업에는 '국내생산'과 '실업자'에 관한 지표들 이 가장 중요하다고 주장하는 점은 충격적일 정도로 올바른 시각입 니다. 우리는 흔히들 주식가격이 오르면 호황이 왔다고 좋아하는데, 주식가격은 자금을 많이 가진 투기꾼들(개인·기관·외국인 모두가 여기에 속 함)의 조작에 의해 얼마든지 급등할 수 있다는 점을 고려한다면, 경기 순환을 국내생산과 실업자의 증가와 감소를 중심으로 묘사하려는 것은 경제학의 큰 진보라고 말하지 않을 수 없습니다. 이 글에서도 국내생산과 실업자의 동향에 크게 주목할 것입니다.

마르크스가 말하는 '공황'

마르크스K. H. Marx(1818~1883)는 『자본론』*에서 영국 면공업이 1770~1863년에 어떤 경기순환을 겪었으며 이것이 노동자와 자본 가 및 사회에 어떤 영향을 미쳤는지를 다음과 같이 서술하고 있습니다.

공장노동자의 운명은 영국 면공업의 발달 과정을 한번 보면 가장 명백하게 알 수 있다. 1770년부터 1815년에 이르는 동안에 면공업은 오직 5년간의 불황 또는 침체를 겪었다. 이 45년 동안 영국의 공장주들은 기계와 세계시장을 독점하고 있었다.

1815~1821년 — 불황; 1822~1823년 — 번영; 1824년 — 단결금지법(노동조합의 결성과 활동을 금지한 법—옮긴이 주)의 폐지, 공장들의 전반적 대확장; 1825년 — 공황; 1826년 — 공장노동자들의 심한 궁핍과 폭동; 1827년 — 약간의 경기 호전; 1828년 — 증기직기의 보급률과 수출의 큰 증가; 1829년 — 수출(특히 인도에 대한 수출)이 이전의 어느 해보다 더 많았음; 1830년 — 시장에 과잉공급, 심각한 판매부진; 1831~1833년 — 계속되는 불황, 의회가 인도와 중국에 대한 무역독점권을 동인도회사로부터 빼앗음; 1834년 — 공장과 기계의 큰 증가, 노동자의 부족, 새로운 구빈법救貧法이 농촌 노동자들의 공장 지방 이주를 촉진함, 농촌 지역에서 아동들이 사라짐, 백인 노예 매매; 1835년 — 큰 번영, 동시에 면직물 수手직공들의 아사 상태; 1836년 — 큰 번영; 1837~1838년 — 공황과 불황; 1839년 — 회복; 1840년 — 대불황, 폭동, 군대 개입; 1841~1842년 — 공장노동자들의 심한 궁핍; 1842년 — 공장주들이 곡물법(지주들이 국내 곡물 가격을 높여 지대

---

* 『자본론』 I권은 마르크스가 1867년 출판했고, II권과 III권은 엥겔스가 마르크스의 유고를 정리하여 각각 1885년과 1894년에 출판했습니다. 세 권 전부의 한국어 번역판은 김수행이 1989~1990년에 비봉출판사에서 처음으로 발간했습니다.

수입을 증가시키기 위해 외국 곡물의 수입을 제한한 법―옮긴이 주)의 철폐를 강요하기 위해 공장을 폐쇄하고 노동자들을 해고함, 노동자들은 수천 명씩 랭커셔와 요크셔의 도시로 몰려갔는데 군대에 의해 다시 쫓겨 왔으며, 그들의 지도자들은 랭커스터에서 재판에 회부됨; 1843년―심한 궁핍; 1844년―회복; 1845년―큰 번영; 1846년―처음에는 호황이 계속되었으나 그 뒤 역전, 곡물법의 철폐; 1847년―공황, 공장주들은 "더 큰 빵덩어리"를 준다는 약속(공장주들은 노동자들에게 곡물법 철폐 운동에 참가하면 임금 수준을 인상해 주겠다고 약속했음―옮긴이 주)을 저버리고 임금을 10% 내지 그이상 삭감; 1848년―불황의 계속, 군대가 맨체스터를 경비; 1849년―회복; 1850년―번영; 1851년―상품 가격의 하락, 낮은 임금, 빈번한 파업; 1852년―경기가 호전하기 시작, 파업의 계속, 외국 노동자를 수입하겠다는 공장주들의 위협; 1853년―수출 증가, 프레스턴에서 3개월간의 파업과 심한 궁핍; 1854년―번영, 시장에 과잉 공급; 1855년―미국·캐나다·극동 아시아 시장들로부터 파산에 관한 보도가 쇄도; 1856년―큰 번영; 1857년―공황; 1858년―경기 호전; 1859년―큰 번영, 공장의 증가; 1860년―영국 면공업이 확장의 절정에 도달, 인도·호주 및 기타 시장들은 1863년에도 재고품을 모두 흡수하지 못할 정도로 공급 과잉, 프랑스와의 통상조약, 공장과 기계의 거대한 증가; 1861년―호황이 얼마간 계속되고 그 뒤 역전, 미국의 남북전쟁, 면화기근; 1862~1863년―완전한 붕괴.7

위의 인용문에서 보는 바와 같이, 마르크스는 자본주의 경제가 대

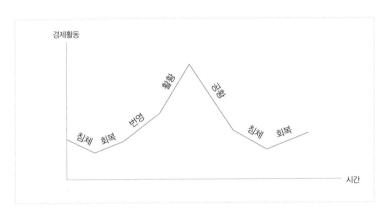

〈그림 1-5〉 마르크스의 경기순환 모델

체로 회복→번영→활황(boom)→공황→침체→회복의 국면들을 거치면서 성장·발전하고 있다고 분석했습니다. 이것을 그림으로 나타내면 〈그림 1-5〉가 됩니다. 그리고 마르크스는 다음과 같이, 주기적인 경기순환의 '꼭대기'가 공황이라고 말합니다.

　자본주의 사회의 운동이 모순들로 꽉 차 있다는 사실은 산업 활동의 주기적인 순환 ─ 이것의 꼭대기가 일반적 공황이다 ─ 을 통해 실무적인 부르주아지에게 매우 분명히 알려져 있다.[8]

　따라서 미국 전국경제조사국의 경기후퇴 국면은 개념적으로 마르크스의 '공황'과 '침체' 국면을 합한 것과 거의 비슷합니다.

　이제 공황 국면을 좀 더 자세히 고찰해 봅시다. 경기가 회복과 번영 국면을 거칠 때, 산업자본가와 상업자본가 및 금융자본가(은행 등 금융기업)는 경기가 계속 확장되리라고 예상하여, 과잉생산과 과잉거래 및 과잉대출 또는 유가증권에 대한 과잉투자 등으로 투기적인 활동에 종사하게 됩니다. 이것이 '활황' 국면을 이룹니다. 그러나 곧 상품들이 팔리지 않아 재고로 쌓이고, 산업자본가와 상업자본가는 자신들의 채무를 갚기 위해 상품들을 헐값에 팔거나 채무를 갚지 못해 파산하게 되며, 금융자본가는 기존의 대출을 회수하지 못하거나 투기한 유가증권의 가격 하락으로 자기의 채무(예금자의 예금이나 상대방 금융기업으로부터의 차입 등)를 지급할 수 없어 파산하게 됩니다. 상공업기업들과 금융기업들이 파산하면서 실업자가 많이 생기고, 상품들과 유가증권의 가격은 폭락하며, 주민들의 소득은 줄고 자본가계급의 이윤도 감소하게 됩니다. 이 국면이 바로 공황 국면입니다. 이 공황 국면 이후 상당한 기간에 걸쳐 투자와 소비가 정체하면서 경제활동이 밑바닥에 머물게 됩니다. 이것이 침체 국면입니다.

이 침체 국면에서 새로운 상품·원료·생산방법·노동조직·시장 등 '혁신'을 도입한 자본가가 임금수준이 낮은 노동자, 값싼 기계와 원자재, 값싼 토지 등에 의거하여 이윤 획득 활동을 다시 시작하면 경제는 회복 국면으로 들어서게 됩니다. 이리하여 "결함 많은 경기순환이 또다시 시작"[9]됩니다.

3. 경제위기와 공황의 구별

마르크스는 활황 국면의 과잉생산·과잉거래·과잉대출이 '반드시' 상공업기업들과 금융기업들을 도산시켜 경제 전체를 공황에 빠뜨린다고 생각했습니다. 이렇게 생각하게 된 것은, 『자본론』의 주요 무대인 1850~1860년대의 영국에서는 (오직 금덩이 또는 금화가 '진정한' 화폐인) 금본위제도가 실시되고 있었고, 정부가 기업들과 은행들의 도산을 막기 위해 '구제금융'을 제공하는 제도가 없었기 때문입니다.

금본위제도에서는 사회에 유통되는 화폐들 사이에 '등급'이 있었습니다. 최고의 등급에 속하는 진정한 화폐는 '금'(금덩이 또는 금화)이고, 둘째 등급의 화폐는 모든 은행들이 금을 근거로 발행하는 '은행권'(금과 교환되는 지폐, 즉 태환지폐임)이며, 마지막 등급의 화폐는 상공업자들이 외상 거래를 하기 위해 발행하는 어음과 수표 등 '신용화폐'였습니다.(〈그림 1-6〉 참조)

경기가 앞으로도 계속 확장될 것이라고 예상하여 투기 활동이 강화되는 활황 국면에서는, 상공업자들은 어음과 수표 등 신용화폐를 많이 발행하게 되고, 은행들은 보유하는 금의 양을 초과하는 은행권을 발행해 고객들에게 대출하게 됩니다. 그런데 만약 시장에 상품들

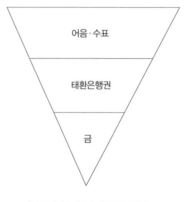

〈그림 1-6〉 각종 화폐의 등급

이 너무 많이 공급되어 상품들이 팔리지 않게 되면, 상공업자들은 자기가 발행한 어음과 수표(언제까지 갚겠다는 만기일이 있음)를 갚을 수 없기 때문에 어음과 수표(즉 신용화폐)는 부도나게 되고, 어음과 수표에 의한 외상 거래는 이제 드물어집니다. 이것을 가리켜 '신용경색' 또는 '신용위기'라고 부릅니다. 이제 거의 모든 거래가 은행권이나 금으로 결제되어야 하기 때문에, 곳곳에서 화폐가 부족하다고 아우성입니다. 특히 은행들은 은행권 소유자들이 은행권을 최고 등급의 화폐인 금으로 교환해 달라고 한꺼번에 몰려올지도 모르기 때문에, 기존의 대출을 회수하고 새로운 대출을 중지하게 됩니다. 이리하여 그 사회에는 '화폐의 부족'이 더욱 심각해지며, 이자율은 폭등하게 됩니다. 만약 예금자들이 예금을 찾으려고 은행에 한꺼번에 몰려들게 되면―이를 '뱅크런'bank run이라고 말합니다―, 은행은 예금을 금으로 지급할 수 없기 때문에 파산할 수밖에 없습니다. 이것이 '은행 위기'입니다.

이처럼 금본위제도에서는 신용경색·화폐 부족·은행 파산이 경기 변동의 공황 국면마다 항상 일어나는 대혼란이었습니다. 왜냐하면 사회에서 유통되는 화폐인 금화·태환은행권·신용화폐(어음과 수표)가 궁극적으로 금의 보유량에 의해 양적으로 제한되어 있었으므로, 정부가 상공업기업과 금융기업들의 파산을 막기 위해 화폐를 더 많이 공급할 수가 없었기 때문입니다. 이런 사정이 마르크스의 공황 국면에 그대로 반영되어 있습니다.

그러나 금본위제도는 1930년대의 세계대공황 때 폐기되었습니다. 물론 그 이전에 이미 금본위제도를 무너뜨리는 사건들이 일어났습니다. 금본위제도에서 신용경색·화폐 부족·은행 파산 등 대혼란을 여러 차례 경험한 정부가 '중앙은행'을 창설하여, 금과 교환되는 유일한 은행권인 '중앙은행권'을 발행하도록 허가한 것입니다. 이제 보통의 은행들은 중앙은행권을 근거로 자기의 은행화폐(현재의 '자기앞수표'와 같은 것)를 발행하게 되었는데, 보통의 은행에 예금자들이 예금을 찾으려고 한꺼번에 몰려올 때 그 은행이 중앙은행권을 지급할 수 없으면 파산하게 되는 것은 마찬가지였습니다. 그러나 이 과정에서 만약 중앙은행권을 금(금화나 금덩이)으로 바꾸려는 운동이 크게 일어나게 되면, 정부는 어쩔 수 없이 중앙은행권을 당분간 금으로 바꿔주지 않는다고 발표할 수밖에 없습니다. 이렇게 되면 중앙은행권은 당분간 금과 교환되지 못하는 '불환지폐'가 되지만, 국내에서는 유일

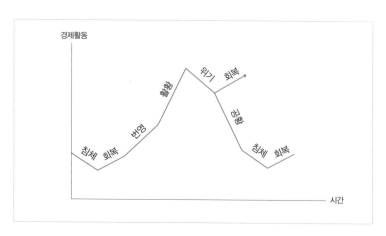

〈그림 1-7〉 김수행의 경기순환 모델

한 법화이기 때문에 화폐의 기능을 충분히 할 수 있었던 것입니다.

1930년대의 세계대공황을 거치며 각국 정부는 금본위제도를 버리고, 금과 교환되지 않는 불환지폐인 중앙은행권을 유일한 법화로 삼았으며, 상공업기업과 금융기업의 필요에 따라 중앙은행권의 발행을 조절하는 '관리통화제도'를 확립했습니다. 이제 정부와 중앙은행은 활황 국면의 투기 활동에서 실패하여 파산하려는 상공업기업들과 금융기업들에게 값싼 화폐를 대규모로 공급함으로써 그들의 파산을 막을 수 있게 된 것입니다.

따라서 경제는 활황 국면 이후에 곧바로 공황 국면으로 빠지는 것이 아니라 '위기' 국면에 머무를 수 있습니다. 이 위기 국면은 경제가 다시 회복 국면으로 나아갈 것인가 아니면 공황 국면으로 빠지게 될 것인가의 기로에 서 있는 국면입니다.(〈그림 1-7〉 참조) 병원 의사가 환자의 상태를 묻는 가족에게 "그의 생명은 위기 상태입니다"라고 말하면, 이는 환자가 죽을지 살지의 갈림길(즉 위험한 순간 또는 위급한 시기)에 있다는 것을 의미합니다. 그러니까 이미 공황 국면에 빠져 상공업기업들과 금융기업들이 대규모로 파산하고 실업자가 대규모로 증가하는 현상을 보면서 "경제가 위기에 빠져 있다"라고 말하는 것은 '위기' 개념을 잘못 이해하고 있는 것입니다.

1945년 이래 선진국의 경제가 대체로 공황 국면에 빠지지 않고 위기 국면에서 회복 국면으로 나아갈 수 있었던 것은 그 당시의 문제점들이 정부의 확장적인 재정·금융 정책으로 해소될 수 있었기 때문입니다. 그러나 정부가 위기 국면에서 재정·금융 확장 정책을 실시하더라도 경제활동이 회복 국면으로 나아가지 못하고 공황 국면으로 빠질수도 있고, 정부가 위기 국면에서 다른 정책적 목표 때문에 재정·금융확장 정책을 취하지 않아 경제가 공황 국면에 빠질 수도 있습니다.

그러므로 저는 마르크스의 공황 국면을 위기 국면과 공황 국면으로 분리하는 것이 1945년 이후의 경제 현실에 더욱 적합하다고 생각합니다. 현재의 세계대공황에서는 미국의 비우량 차입자들이 모기지mortgage 대출의 원리금을 갚지 못하게 되어 모기지 담보 증권의 가격이 폭락함으로써 거대한 금융기업들이 파산하기 시작한 2007년 8월부터 리먼브라더스Lehman Brothers가 파산한 2008년 9월까지가 위기 국면이고, 그 이후가 공황 국면이라고 볼 수 있을 것입니다. 위기 국면에서 미국 정부와 중앙은행은 금융기업들에게 값싼 자금(유동성)을 공급하기 위해 이자율을 0% 수준까지 낮추었고, 긴급 구제금융을 제공하면서 심지어는 금융기업들을 국유화하기까지 했습니다만, 금융기업들의 파산은 멈추지 않았고, 국내총생산도 감소 또는 정체를 계속했으며, 실업자는 계속 증가한 것입니다. 이것이 바로 2008년 9월 이래의 공황입니다.

여기에서 경기순환의 한 과정인 공황 국면은 위기 국면에서 물려받은 문제점들을 해소하여 경제를 다시 이전의 상태로 돌아가게 하는 역할을 합니다. 그러나 역사적으로 발생한 '세계대공황'은 구체적으로 이전의 자본축적 양식(이윤 획득을 위한 경제 제도와 이윤 획득 방식)과 계급 관계(노동자와 자본가 사이의 관계, 그리고 상공업자본가와 금융자본가 사이의 관계) 및 국민국가들 사이의 국제 관계를 파괴하면서, 새로운 자본축적 양식과 계급 관계 및 국제 관계를 만들어 내었습니다. 이러한 변화를 만들어 내지 못하는 한 세계 자본주의는 회복과 번영으로 나아가는 정치적·사회적·경제적 기반을 얻지 못하게 되어, 세계대공황은 오랫동안 계속될 수밖에 없는 것입니다.

따라서 우리가 말하는 구체적인 세계대공황은 반복하는 경제순환상의 수많은 공황 국면을 가리키는 것이 아니라, 자본주의적 축적 양식의 변화를 포함하는, 특별하고 드물며 구체적인 공황 국면입니다. 바로 그렇기 때문에, 이 책은 20세기 이후의 세계대공황을 세 시기―1930~1938년, 1974~1982년, 그리고 2008년~현재―로 국한하고 있습니다.

1930~1938년의 세계대공황은 제2차 세계대전을 야기하면서, 이

전의 자유방임 시장경제를 정부 개입의 혼합경제로 전환시키고, 미국의 패권을 확립하면서 자본주의 진영과 사회주의 진영 사이의 대립을 강화했습니다.

1974~1982년의 세계대공황은 이스라엘과 아랍 국가들 사이의 전쟁이 야기한 석유 가격 폭등이 중요한 방아쇠가 되었지만, 1950~1970년의 강화된 사회보장제도에 의해 증대한 노동계급의 세력을 제거하기 위한 자본가계급의 전면적인 반격이기도 했으며, 자본의 세계화를 심화시키고 상공업을 통한 이윤 획득 방식보다는 금융업을 통한 '기생적인' 이윤 획득 방식을 굳건하게 만들었습니다.

그리고 2008년 이후 아직도 계속되고 있는 세계대공황은 1980년 이후의 신자유주의가 기생적인 금융 활동과 경제의 세계화를 강화함으로써 실업자를 양산하고 임금과 노동생산성 사이의 연계성을 끊어 임금을 저하시킨 결과로, 소득 격차가 확대되면서 소비지출이 경제성장의 주된 동력으로서의 위치를 잃게 된 것에서 출발했습니다. 이 소비지출을 증가시키기 위해, 중앙은행은 저이자율 정책으로 주식과 주택의 가격을 올려서 소비자로 하여금 재산이 증가한다고 느끼게 만들었으며, 금융기업들은 저소득 소비자에 대한 대출을 증가시켜 이들이 소비를 확대하게 한 것입니다. 주식시장과 주택시장의 거품, 금융적 투기의 끝없는 팽창, 개인 저축률의 대폭 저하 등이 결합하여 2008년의 금융공황이 폭발한 것이므로, 금융적 투기 이외의 생산적이고 건전한 자본축적 양식이 나타나지 않는 한, 세계대공황은 계속될 것으로 보입니다.

2장

자본주의와 공황 발생 가능성

우리가 지금 겪고 있는 공황은 인류 역사상 매우 특이합니다. 왜냐하면 생활필수품이 '너무 많이' 생산되어 주민의 다수가 굶어 죽고 있기 때문입니다. 생활필수품이 시장에 너무 많이 공급되어 팔리지 않게 되면 자본가는 생산량을 줄이기 위해 노동자를 해고하며, 이로 인한 실업자는 소득을 얻지 못해 굶어 죽는 것입니다.

과잉생산 공황은 자본주의에서만 발생하는 특수한 현상이고, 자본주의의 경제적 논리입니다. 따라서 자본주의의 탄생 과정과 기본 구조를 잘 알아야 공황의 개념을 쉽게 이해할 수 있을 것입니다. 이 장에서는 공황의 발생 가능성을 화폐경제와 무계획적 생산이라는 측면에서 살펴볼 것이고, 다음 장에서는 좀 더 깊게 들어가서 자본가들이 자본을 축적하는 과정에서 공황이 발생할 수밖에 없다는 점을 밝힐 것입니다.

1. 너무나 야릇한 현상인 공황

생산물이 너무 많아서 굶어 죽는 사회

지금과 같은 자본주의가 탄생하기 이전에는 주로 기후 변화에 따라 흉년이 들어 먹을거리가 부족하게 될 때 주민들의 살림살이가 엉망이 되었습니다. 굶어 죽든지 다른 지방으로 일자리를 찾아 헤매든지 부잣집에서 빚을 얻었다가 갚지 못해 그 집의 노예가 되기도 했습니다. 그러나 자본주의의 공황에서는 시장에 생필품이 부족한 것이 아니라 너무 많아 팔리지 않기 때문에, 대다수의 주민인 노동자들은 해고되어 일자리를 잃고 가족들은 돈이 없어 먹고살기조차 어려운 지경에 빠지는 것입니다. 상점에 주민들이 필요로 하는 생필품이 잔뜩 쌓여 있지만, 주민들은 그 생필품을 살 수 있는 돈이 없어, 자살까지 하고 있는 실정입니다. 생필품이 부족한 옛날과는 전혀 다른 야릇한 사건이 현재 국민소득이 4만 달러가 넘는 미국에서 그리고 2만 달러가 넘는 한국에서 벌어지고 있는 것입니다.*

---

* 국민 1인당 소득이 2만 달러라는 이야기는 한국의 1년간 국민총소득을 인구 5,000만 명으로

지금의 공황에서는 생필품이 부족해서 주민들이 굶는 것이 아니라 생필품이 '너무 많아서' 주민들이 굶는 현상이 벌어지고 있는데, 이 괴상한 현상은 다음과 같은 공황의 발생 순서를 통해서 곧 알아볼 수 있습니다. 시장에 상품들이 너무 많이 공급되어서 상공업기업들이 상품을 팔 수 없게 됩니다→상공업기업은 상호 간에 빌린 채무나 금융기업으로부터 빌린 채무를 갚을 수 없게 됩니다→상공업기업들이 파산합니다→금융기업들은 상공업기업들과 다른 금융기업에 빌려준 대출금의 원리금을 회수할 수 없게 됩니다→금융기업들도 파산합니다→노동자들이 대규모로 해고됩니다→공황이 폭발합니다.

먼저 지적해야 할 것은 상공업기업들이 상품들을 팔 수 없게 된 이유는 '시장에 상품들이 너무 많았기' 때문이며, 이것은 또한 생산업자들이 '상품들을 너무 많이' 생산했기 때문이라는 점입니다. 옛날에는 생필품이 부족해서 주민들이 굶었는데, 지금은 생필품이 '과잉'이어서 주민들이 굶고 있는 것입니다. 생필품이 많이 있는데도 불구하고 대다수의 주민이 굶고 있다는 것은 분명히 매우 이상한 모순임에 틀림없습니다.

나누었을 때 어린아이를 포함해 각각의 사람이 2만 달러(약 2,000만 원) 정도를 1년 동안 쓸 수 있다는 것, 따라서 4인 가족은 세금을 모두 내고도 8,000만 원을 번다는 말입니다. 그러나 1년에 세금을 내고도 8,000만 원을 버는 4인 가족은 사실상 매우 적을 것입니다. 현실의 소득분배가 매우 불평등하기 때문입니다. 예컨대 두 사람이 사는 나라에서 한 사람은 1,999원을 벌고 다른 한 사람은 1원을 벌고 있더라도, 1년간 국민총소득은 2,000원이고, 1인당 국민소득은 1,000원이라고 계산될 것입니다.

또한 지금의 공황에서는 활황 시기에 비해 국내총생산(GDP)이 크게 줄어들고 있는데, 이것은 생산의 3요소인 토지와 기계와 노동 인력이 '부족'하기 때문은 아닙니다. 오히려 생산의 3요소는 남아돌고 있습니다. 예컨대 공장이 문을 닫았으므로, 공장 건물과 기계는 놀고 있고 원자재는 창고에 쌓여 있으며 노동 인력은 실업자로 길거리에 넘치고 있습니다. 다시 말해 기계와 원자재와 노동 인력이 '남아도는데도 불구하고', 국내총생산은 줄어들고 주민들의 생활수준이 크게 저하하고 있는 기가 막히는 현상을 우리는 매일 보고 있는 것입니다. 우리가 가지고 있는 기본 상식—즉, 생산의 3요소만 있으면 당연히 생산량이 증가하고 주민들의 생활수준은 향상된다는 믿음—이 엉터리라는 것이 공황에서 판명되고 있습니다. 이처럼 자본주의는 공황을 통해 기계와 원료와 완제품과 노동 인력을 대규모로 낭비하고 있으므로, 자본주의가 기업가들의 자유경쟁을 통해 생산요소들을 매우 효율적으로 사용하고 있다는 주장은 공황 국면에서는 거짓말이 됩니다.

지금의 자본주의에서 생기는 공황은 '과잉생산', '과잉거래', '과잉대부', '과잉투기' 등으로 묘사되고 있습니다. 짧게 설명하면, 생산자들은 상품들이 팔릴 수 없을 정도로 너무 많이 생산했기 때문에 '과잉생산'이고, 상인들은 최종 소비자가 구매할 수 있는 양보다 더 많은 상품을 생산자로부터 사 왔기 때문에 '과잉거래'이며, 은행들은 상공업기업이 대출을 갚을 수 없을 만큼 대출했기 때문에 '과잉대부'이고, 유가증권(주식과 회사채)의 투기꾼들은 유가증권의 가격이 폭락할 정도로 가격에 거품을 만들었기 때문에 '과잉투기'라고 이야기할 수 있습니다. 과잉생산 때문에 생산자들은 파산하고, 과잉거래 때문에 상인들이 파산하며, 과잉대부 때문에 은행들이 파산하고, 과잉투기 때문에 투기꾼들(투자은행·예금은행·투자신탁·펀드·증권회사)이 파산하는 것입니다.

그러므로 "국민 모두가 소비할 수 있는 생필품의 생산량이 부족하기 때문에 우리 모두가 굶게 되었으므로, 우리 모두가 내핍 생활을 함으로써 이 난관을 돌파하자"라고 주장하는 것은 새빨간 거짓말입니다. 한쪽에서는 생활고로 자살하는 사람들의 수가 세계 1위를 기록하고 있어도, 다른 한쪽에서는 세계에서 가장 비싼 아파트에서 흥청망청 살아가는 사람들도 매우 많기 때문입니다.

무엇에 비해 너무 많이 생산되었을까요

"상품이 너무 많이 생산되어 생산자들이 파산했다"고 이야기할 때, 당연히 "'무엇'에 비해 너무 많이 생산되었는가?"를 묻지 않을 수 없습니다. '주민들의 필요와 욕구에 비해' 너무 많이 생산되었다고는 도저히 말할 수 없을 것입니다. 왜냐하면 그 상품을 필요로 하는 주민들에게 공짜로 나누어 주기에는, 그 상품은 너무 많이 생산된 것이 아니라 오히려 너무 적게 생산되었기 때문입니다. 실상을 보자면 한편에서는 상품이 너무 많이 생산되어 팔리지 않는다고 야단이고, 다른 한편에서는 그 상품이 필요하지만 돈이 없어 사지 못한다고 안달하는 사람들이 너무나 많은 것이 현실입니다. "상품이 너무 많이 생산되어 팔리지 않는다"는 말은 일단 '상품을 공짜로 누구에게나 나누어 주는 경우'는 포함하지 않으므로, "상품을 어떤 가격 이하로는 팔 수 없다"고 생산자는 생각하고 있다는 뜻입니다. 사실상 생산자들은 상품을 팔아 '이윤'을 얻는 것이 목적인 만큼, 정상적인 이윤 또는 평상시의 이윤을 볼 수 없을 정도로 상품이 많이 생산되는 경우가 '과잉생산'인 것입니다. "시장에 상품이 너무 많이 생산·공급되어 상품의 가격이 폭락함으로써, 생산자들이 정상적인 이윤 또는 평상시의 이윤을 얻지 못하거나 심지어 손실을 보게 되는 상황"이 '과잉생산'입니다. 다시 말해 "주민들의 필요와 욕구를 충족시키는 양에야 훨씬 미치지 못하는 수준이지만, 생산자들의 이윤 획득 욕심을 충족시키지는 못할 정도로 너무나 많은 양의 상품이 생산·공급되었다"는 것이 과잉생산의 진정한 의미일 것입니다.

이런 야릇한 성격의 과잉생산(즉 공황)을 낳는 자본주의는 어떤 사회인가를 좀 더 깊이 고찰해야만 공황의 원인을 알 수 있습니다.

2. 자본주의의 기본 구조

자본주의의 특징

인류가 지구에 나타난 이래 석기시대에서 지금에 이르기까지 이어진 긴 역사에서, 인류는 가장 기본적인 생활 ─ 먹고살기 ─ 을 하기 위하여 자연에 노동을 가하여 생산수단(도구나 기계 그리고 원료)과 생활수단을 생산하였고, 생산된 생산수단과 생활수단을 일정한 규칙에 따라 나누어 가지면서 생존했습니다. 이러한 경제생활 속에서 인간들이 그때그때 서로 맺는 특별한 관계를 '생산관계'라고 부릅니다. 생산관계에는 누가 생산에 필요한 요소들(토지·도구·기계·원료 등)을 소유하고 있는가, 누가 무엇을 위하여 생산을 지휘하는가, 누가 생산의 결과인 생산수단과 생활수단을 소유하는가 등이 포함됩니다. 생산관계의 역사적 예로는 노예와 노예주 사이의 관계, 농노와 영주 사이의 관계, 그리고 임금노동자와 자본가 사이의 관계 등이 있습니다. 흔히 경제의 역사를 '원시공산사회', '노예사회', '봉건사회', '자본주의사회' 등으로 구분하는 것은 생산관계의 차이에 따른 구분입니다.(〈그림 2-1〉참조)

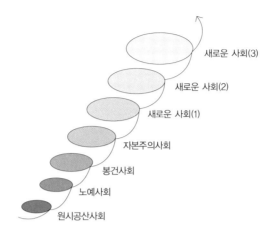

〈그림 2-1〉 인류 사회의 경제사

자본주의에서는 자본가가 기계와 도구 등 '노동수단', 그리고 원료와 반제품 등 '노동대상'을 소유하며, 이윤을 얻을 목적으로 임금노동자를 고용하여 생산하고 있습니다. 임금노동자는 생산수단과 생활수단을 가지지 못한 무산대중(프롤레타리아)으로서 자기가 가진 육체적·정신적 힘인 '노동력'을 일정한 기간(하루·한 주·한 달·한 해 등) 동안 자본가에게 팔아 임금을 얻음으로써 생활할 수 있을 뿐입니다. 다시 말해 자본주의는 두 개의 '대체로 동일한 경제적 이해관계를 가진 인간 집단', 즉 자본가계급과 임금노동자계급으로 구성되어 있으면서, 자본가계급이 이윤을 더욱 많이 얻으려고 노동자계급을 억압하고 착취하는 것이 기본적인 특색입니다.

따라서 자본주의가 탄생하기 위해서는, 자본주의 직전의 사회에서 한편으로는 주민의 대다수를 차지하던 농민들이 대대로 경작하던 토지를 빼앗겨서 먹고살기 위해서는 자기의 노동력을 팔아야 하는 형편에 빠져야 하며, 다른 한편으로는 일부의 사람들이 농업·상업·수공업·고리대·관직 등을 통해 그 사회의 재산을 독차지하고 이 재산을 증식시키기 위해 무산대중을 고용할 수 있어야만 합니다. 다시 말해 자본가계급이 임금노동자계급을 지배하고 억압하는 자본주의는 처음부터 매우 '불평등한' 사회였습니다.

생산관계의 관점에서 보면 러시아와 중국도 자본주의이므로, 지금 세계 전체는 북한과 쿠바 등 몇몇 나라를 빼면 모두 자본주의 사회이고, 따라서 '다양한' 자본주의가 서로 공존하고 있다고 말할 수 있습니다. 자본주의의 '다양성'을 OECD 회원국들을 놓고 살펴보면, '복지국가'로 구분되는 나라는 스웨덴·덴마크·노르웨이·핀란드·독일·프랑스·네덜란드·벨기에·룩셈부르크 등이고, '신자유주의적 경제'로 구분되는 나라는 미국·일본·영국·캐나다·호주·뉴질랜드·아일랜드·한국·멕시코 등이며, 이 두 유형의 중간에 드는 나라가 그리스·스페인·포르투갈·이탈리아 등입니다.

부르주아 사상가의 인간 사회론

자본주의를 옹호하고 변호하는 부르주아 사상가들은 "인간 사회는 '순수한 원자론적 개인들'로 구성되며, 개인은 변하지 않는 본성을 가지고 있기 때문에, '인간의 본성'을 알아야 사회를 이해할 수 있으며, 인류 역사에는 처음부터 지금까지 인간의 본성에 가장 적합한 사회인 자본주의만이 있었고, 앞으로도 자본주의가 인류 역사의 종말까지 존속할 것"이라고 주장하고 있습니다. 참으로 문제가 많은 주장입니다.

첫째로 '순수한 원자론적 개인'이란 사회로부터는 전혀 영향을 받지 않은 개인인데, 이런 개인은 현실적으로 존재할 수 없습니다. 모든 개인은 어느 시대 어느 동네에서 누군가의 아들딸로 태어나서 가족과 사회 속에서 자라나기 때문에, 가족과 사회가 개인의 성격 형성뿐만 아니라 모든 행위에마다 상당한 영향을 미친다고 이야기해야 할 것입니다. 한 가지 예를 들어 봅시다. 어느 자본가는 참으로 박애주의자라서 자기 회사의 노동자들에게 다른 회사보다 훨씬 더 높은 임금을 주었지만, 그랬더니 손실이 생겨 공장 문을 닫을 지경에 이르렀습니다. 그래서 그는 어쩔 수 없이 자기 회사 노동자에게 다른 회사만큼의 임금을 줄 수밖에 없었습니다. 이것은 자본주의가 박애주의자인 자본가의 생각과 행동에 일정한 제한을 가한 예입니다.

둘째로 '인간의 본성'은 찾아내기가 매우 어렵습니다. "인간은 이기적이고 최소의 희생으로 최대의 이익을 얻으려는 경제인(호모 에코노미쿠스)이다"라고 흔히들, 특히 부르주아 경제학자들이 말하지만, 이것은 자본주의의 물을 먹었던 로빈슨 크루소의 섬 생활을 보고 단순히 '가정'한 것에 불과합니다. 노예사회의 노예나 자본주의사회의 임금노동자도 인간이므로, 그들을 경제인이라고 말한다면 큰 문제에 부닥치게 됩니다. 이들이 경제인이었다면, 자기 자신의 이해타산에 의해 노예나 임금노동자가 되기를 '선택'했다고 주장해야 할 것인데, 그러한 주장은 현실 역사와는 전혀 다르기 때문입니다.

셋째로 부르주아 경제학은 자본주의가 매우 평등하고 자유로운 사회라는 것을 보이기 위해, 하느님이 모든 사람에게 아침마다 문 앞에 '일용할 양식'을 공짜로 주고 간다고 가정한 뒤, 각 개인이 자기의 기호에 따라 효용을 극대화하기 위해 그 양식 중 자기가 싫어하는 것을 타인에게 주고 자기가 좋아하는 것을 타인으로부터 받는 '교환'을 시작한다는 이야기로 '경제학' 교과서의 첫 장을 열기가 일쑤입니다. 교환이론에 따르면 자유로운 거래 쌍방이 상품들을 그 가치에 따라 공정하게 교환하기 때문에, 자유와 평등이 실현될 수 있습니다. 또한 '생산'이론에서는 자본가와 임금노동자가 협력하여 상품을 생산한다고 말하면서, 기계와 원료와 노동자를 어떻게 조합하면 생산량이 얼마나 되는가를 따질 뿐이기 때문에, 자본가가 무산대중인 임금노동자들에게 낮은 임금으로 긴 시간을 노동시켜 이윤을 창조하는 과정은 설명하지 않습니다. 따라서 공장 안에서 임금수준과 노동강도를 둘러싸고 벌어지는 계급투쟁을 부르주아 경제학은 전혀 이해할 수가 없습니다. 또한 자본가계급이 얻는 '이윤의 원천'을 설명할 수도 없습니다.

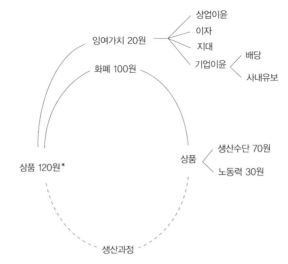

* 120원＝생산수단에서 옮겨 온 가치 70원＋노동이 창조한 가치 50원
＝70원＋임금 30원＋잉여가치 20원

⟨그림 2-2⟩ 잉여가치의 생산과 분배

이윤의 원천인 노동자의 잉여노동

⟨그림 2-2⟩를 봅시다. 한 자본가가 100원의 화폐를 투자하여 기계와 원자재 등 생산수단 70원을 구매하고, 임금노동자 한 사람을 하루 10시간 노동에 임금 30원을 주면서 고용했습니다. 자본가는 임금노동자로 하여금 기계를 사용하여 원자재를 가공해 새로운 생산물을 만들게 하고, 이 생산물을 시장에서 상품으로 파는데, 이 상품이 반복해서 120원에 팔린 것입니다. 이리하여 자본가는 최초의 투

자자본 100원을 회수할 뿐 아니라, 잉여가치 20원 ─ 이것이 나중에 기업이윤·상업이윤·이자·지대로 분배됩니다 ─ 을 획득합니다.

그런데 이 잉여가치는 어디에서 생긴 것일까요? 임금노동자가 10시간 동안 노동하면서 기계와 원자재 등 생산수단을 '완전히' ─ 즉 기계는 더 이상 쓸 수 없게 되고 원자재는 완전히 사라지도록 ─ 사용하여 새로운 상품을 만든다고 할 때, 그는 기계와 원자재의 가치인 70원을 새로운 상품의 가치로 옮깁니다. 또한 임금노동자는 10시간 동안 노동하면서 '새로운 가치'를 창조하는데, 한 시간당 5원씩 창조한 이 새로운 가치가 50원이 되어 새 상품에 추가됨으로써, 새로운 상품의 가치가 70원 + 50원 = 120원이 된 것입니다.

이렇게 되면, 노동자는 10시간의 노동 중 6시간 동안은 자기가 받는 임금액 30원을 새롭게 창조하고, 나머지 4시간 동안은 자본가의 잉여가치에 해당하는 20원을 새롭게 창조한 것입니다. 따라서 하루 10시간의 노동이 필요노동(6시간)과 잉여노동(4시간)으로 구분되며, 하루 10시간에 창조한 가치(50원)가 임금(30원)과 잉여가치(20원)로 구분됩니다. 자본가가 아무런 대가도 지불하지 않고 잉여가치를 독차지하는 것을 흔히들 "자본가가 노동자를 착취한다"고 말합니다.

노동자의 노동이 새로운 가치와 잉여가치를 창조합니다. 이것은 자본가의 행동에서도 분명히 나타납니다. 자본가는 "마치 드라큘라처럼 노동자의 피인 노동을 흡수함으로써만 활기를 띠게 되고, 노동자의 피인 노동을 더 많이 흡수할수록 점점 더 활기를 띠게" 됩니다.

주류 경제학이 말하는 이윤 원천

위에서 말한 것이 '노동가치설'의 핵심입니다. 이것에 대해 주류 경제학은 여러 가지 각도에서 비판하였습니다만, '이윤의 원천'에 관한, 논리가 일관되고 현실을 제대로 반영하는 이론을 개발하지는 못했습니다.

첫째로 주류 경제학은 "노동자가 50원의 새로운 가치를 창조했다면, 당연히 50원을 모두 임금으로 받아야지, 왜 30원밖에 못 받느냐"라며 '노동자 바보론'을 제기합니다. 주류 경제학은 "모든 주민이 일용할 양식을 가지고 있으며 자유롭고 평등하며 서로서로를 사랑하는" 사회가 자본주의라고 '가정'하고 있습니다. 그러나 이 가정은 현실과는 동떨어진 것입니다. 노동자는 자본가 밑에서 일을 하지 않으면 임금을 받지 못해 굶어 죽는 '임금노예'에 불과합니다. "목구멍이 포도청"이라서 노동자는 50원의 새로운 가치를 창조하더라도 30원을 주면 그대로 받는 수밖에 없습니다. 나아가 지금과 같은 세계대공황에서 자본가는 임금을 30원에서 20원으로 낮추려고 노동자를 협박하고 있지 않습니까? 자본주의는 처음부터 불평등한 사회입니다.

둘째로 주류 경제학은 "최초의 투자자본 100원을 자본가가 저축하느라고 얼마나 수고를 했느냐. 먹을 것을 안 먹고 입을 것을 안 입고 100원을 저축하느라고 절약하고 절제한 것에 대한 보상이 20원이다!"라고 외칩니다. 저도 자본가가 절약하고 자기가 하고 싶은 것을 하지 않으면서 100원을 저축한 '절제'에 대해 20원을 상금으로

주고 싶고, 실제로 자본가는 20원을 독차지합니다. 그러나 절제가
어떻게 20원을 창조했는가는 여전히 설명하지 못하고 있습니다.

셋째로 주류 경제학은 "자본가도 노동하지 않느냐"고 반박합니
다. 중소기업의 자본가는 실제로 노동자와 함께 노동하는 경우가 많
습니다. 그러나 대기업으로 성장할수록 자본가는 후선으로 물러나
고 '전문경영인'이 기획, 자금 조달, 생산계획 등 모든 업무를 대신하
고 있습니다. 주식회사 형태의 대기업에서는 전문경영인이 자본가
를 대신하여 기업을 경영하고, 자본가는 큰 주주로서 '놀면서' 배당
을 받고 있다고 생각하는 것이 현실적이지 않습니까? 이 배당이 바
로 노동자가 창조한 잉여가치를 주주들끼리 나눈 것이 아니고 무엇
이겠습니까? 전문경영인이 받는 보수는 사실상 '임금'의 성격을 지
닌다고 본다면, 대주주인 자본가가 받는 배당은 자기 노동의 대가가
아니라, 타인의 노동이 창조한 잉여가치를 빼앗은 것, 약탈한 것이라
고 보아야 할 것입니다.

자본주의의 거대한 계급들

자본주의의 두 개의 큰 계급은 자본가계급과 노동자계급인데, 토
지소유자계급(또는 지주계급)은 자본가계급과 나란히 지배계급에 속합
니다. 자본주의 이전의 사회에서 가장 중요한 생산수단이었던 토지
를 소유한 지주계급이 자본주의에서도 지배계급이 되는 것은, 노동
자계급이 '땅을 무상으로 점거하여 자유로운 농민이 되는 것'을 막

음으로써 자본가계급에게 계속 노동력을 팔 수밖에 없도록 이들이 강제하고 있기 때문입니다. 자본가계급은 산업자본가·상업자본가·금융자본가 계급으로 구분할 수 있습니다. 정리하자면 산업자본가계급이 노동자계급을 '직접적으로' 착취하여 얻은 '잉여가치'를, 상업자본가에게는 '상업이윤'의 형태로 분배하고, 금융자본가에게는 '이자'의 형태로, 그리고 지주계급에게는 '지대'의 형태로 분배하고 있는 것이 지배계급과 노동자계급의 상호관계라고 말할 수 있습니다.(〈그림 2-2〉 참조) 그러므로 지배계급 안에서는 잉여가치의 분배를 둘러싸고 산업자본가·상업자본가·금융자본가·토지소유자 사이에 '불화'가 있습니다만, 이들 지배계급들은 노동자를 더욱 착취하여 잉여가치 그 자체를 증가시켜야 자기들의 몫도 커지기 때문에, 노동자의 착취에는 모두가 '협력'하게 됩니다. 예컨대 쌍용자동차 파업이나 현대자동차 비정규직 파업 때 나타난 바와 같이, 서로 직접적으로는 큰 상관이 없는 모든 지배계급과 그들의 앞잡이 언론과 학자들이 이구동성으로 노동자들을 비난한 사실이 이 관계를 보여 준다고 보면 될 것입니다.

3. 공황 발생 가능성

화폐가 있기 때문에 생기는 가능성

자본주의는 화폐를 사용하는 화폐경제이기 때문에 화폐를 좀 더 깊게 생각할 필요가 있습니다. 이 연구 과정에서 화폐경제가 공황을 낳게 될 가능성을 찾을 수 있습니다.

노동 생산물은 시장에서 교환되기 시작하면서 상품이 됩니다. 상품들이 시장에서 직접적으로 서로 교환되는 것을 물물교환이라고 부릅니다. 예컨대 쌀 1되의 소유자와 콩 2되의 소유자가 어느 날 어느 시간에 어디에서 만나 쌀과 콩을 교환합니다. 이렇게 되면, 쌀의 공급은 콩의 수요를 낳게 되며, 상품들의 공급과 수요는 항상 일치하게 됩니다. 이것을 세Jean-Baptiste Say(1767~1832, 프랑스의 경제학자)의 법칙(Say's law)이라고 부릅니다.

그러나 여러 가지 상품들이 교환되기 시작하면, 이 상품들 중에서 하나가 교환 수단의 역할을 하게 됩니다. 예컨대 다섯 가지의 상품(쌀·콩·보리·밀·금)이 시장에 등장하면, 상품 소유자들은 열 가지 교환 비율(쌀-콩, 쌀-보리, 쌀-밀, 쌀-금, 콩-보리, 콩-밀, 콩-금, 보리-밀, 보리-금,

밀–금)을 다 알아야 상품들을 교환할 수 있을 것입니다. 그러나 이 다섯 가지의 상품 중에서 썩지 않고 운반하기 편하며 작은 크기로 쉽게 나눌 수 있는 상품인 금을 상품들의 교환 수단으로 사용한다면, 이제 오직 네 가지 교환 비율(쌀–금, 콩–금, 보리–금, 밀–금)만 알면 교환이 순조롭게 이루어질 것입니다. 이 교환 수단이 화폐가 되는데, 이제 화폐인 상품은 모든 상품을 구매할 수 있는 사회적 힘을 가지게 되므로, 화폐는 사회의 부를 대표하며, 모든 사람들이 화폐를 더 많이 가지려고 노력하게 됩니다. 황금에 대한 욕심이 생기는 것은 금이 귀중하기 때문이 아니라 금이 모든 상품을 살 수 있는 화폐이기 때문입니다.* 그리고 국가가 예컨대 금 1그램을 1원이라고 부르면서, 금 1그램을 저장하고 지폐 1원을 발행할 수 있습니다. 이때 지폐는 금과 교환될 수 있으므로 '태환지폐'라고 부릅니다. 물론 1930년대의 세계대공황을 거치면서 태환지폐는 모두 없어지고 금과 교환되지 않는 불환지폐인 중앙은행권이 화폐로 기능하고 있습니다.

화폐를 사용하는 경제(즉 화폐경제)에서 상품들의 교환은 직접적으로 이루어지지 않고 반드시 화폐를 매개로 이루어집니다. 쌀 1되의 소유자가 콩 2되를 얻기 위해서는, 먼저 쌀 1되를 팔아 화폐(금 2그램이나 태환은행권 2원)를 얻고 그 화폐로 콩 2되를 구매해야 합니다. 이제 물물교환과는 전혀 다른 상황이 발생합니다. 이 화폐경제에서는 교

---

* 물질적으로는 종잇조각에 불과한 한국은행권을 모두가 더 많이 가지고 싶어하는 이유는 한국은행권이 나라 안의 모든 상품을 구매할 수 있는 화폐이기 때문입니다.

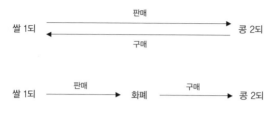

〈그림 2-3〉 물물교환과 화폐경제

환에 관련된 사람은 두 사람이 아니라 세 사람(쌀 판매자·화폐 소유자·콩
판매자)이며, 쌀을 팔아 화폐를 얻은 사람이 그날 그 장소에서 콩을 구
매해야 할 이유는 전혀 없습니다. 화폐를 가지고 있다가 몇 달 뒤에
다른 장소에서 콩을 구매할 수도 있습니다. 이리하여 쌀의 판매와
콩의 구매가 상이한 시간과 장소에서 이루어지기 때문에, "쌀의 공
급은 콩의 수요를 낳는다"는 법칙이 성립하지 않게 됩니다.(〈그림 2-3〉
참조) 이제 콩의 생산자는 콩을 제때에 판매할 수 없으며, 따라서 창
고에 콩을 재고로 쌓아 두다가 파산할 수 있습니다. 이것은 콩의 과
잉생산―그리고 나아가서 상품들의 일반적인 과잉생산, 즉 공황―
이 일어나는 가장 간단한 예입니다. 하지만 왜 쌀을 팔아 화폐를 소
유하게 된 쌀 생산자가 콩을 구매하지 않는가에 대한 '필연적이고
구체적인' 이유가 없기 때문에, 공황의 가장 추상적인 가능성에 불과
합니다.

　경제학의 역사 속에서 세J-B. Say나 리카도D. Ricardo 같은 사람들이
"자본주의에서는 과잉생산이 일어날 수 없다"고 주장했던 것은 그

들이 자본주의에서 언제까지나 물물교환이 지배적일 것이라고 착각했기 때문입니다.

화폐경제에서는 또 다른 형태로 경제가 혼란에 빠져 공황이 발생할 수 있습니다. 화폐경제에서는 현금이 부족한 상공업기업들 사이에 외상 거래(또는 신용거래)가 활발하게 행해지며, 채무자가 채무를 갚아야 할 날(만기일)에 화폐를 채권자에게 주면 채무가 청산됩니다. 이것을 화폐가 지급수단으로 기능한다고 말합니다. 흔히 일어나는 예를 들어 봅시다. 채무자는 2010년 6월 26일 상품을 외상으로 사면서 만기일이 3개월 뒤(2010년 9월 26일)인 수표를 발행하여 채권자에게 주는데, 이 수표는 3개월 동안 여러 사람의 손을 거칠 수 있습니다. 만약 컴퓨터 판매자(A)가 컴퓨터 생산자(B)에게 3개월 뒤가 만기인 100만 원짜리 수표를 발행해 주고 컴퓨터 1대를 외상으로 구매했다면, B는 이 수표를 컴퓨터 부품상(C)에게 주고 부품을 100만 원어치 외상으로 구매할 수 있을 것입니다. 만약 만기일인 2010년 9월 26일에 C가 이 수표를 A에게 제시하면서 100만 원을 갚으라고 요구할 때, A가 화폐가 없다고 한다면, 이 수표는 부도가 나고 A는 파산하게 됩니다. 이제 C는 B에게 100만 원을 갚으라고 요구할 수 있습니다. B도 화폐가 없으면 B도 파산하게 됩니다.(〈그림 2-4〉 참조) 화폐가 이처럼 지급수단으로 기능하기 때문에 외상 거래(또는 신용거래)에 얽히는 상공업기업들이 매우 많아지고, 이들 중 어느 누구가 외상 금액을 지급기일에 화폐로 갚지 못하게 되면 모든 상공업기업들이 도미노처럼 파산하게 됩니다. 이것은 공황의 가장 간단한 예입니다만, 왜 상

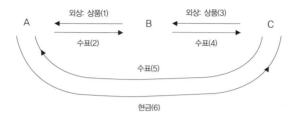

〈그림 2-4〉 신용화폐의 유통

공업자들이 채무를 지급할 수 없게 되었는가에 대한 '필연적이고 구체적인' 이유가 없기 때문에, 이 또한 공황이 일어날 가장 추상적인 가능성일 뿐입니다.

경쟁과 생산의 무계획성 때문에 생기는 가능성

자본주의에서는 경제 전체 및 각 부문에서 다수의 기업들이 서로 경쟁하고 있기 때문에, 이 경쟁이 어떤 특수한 경우에는 경제 전체를 공황에 빠뜨릴 수가 있습니다. 몇 가지 예를 들어 봅시다.

첫째로, 동일한 상품을 생산하는 각각의 자본가들은 자기의 판매 예상액에 따라 상품을 생산하여 시장에 공급하는데, 이렇게 공급된 총량이 사회의 수요량을 초과하여 시장을 포화시키게 되면 상품이 잘 팔리지 않아 일부의 자본가가 파산하게 되면서, 경제 전체에 파급 효과를 미쳐 경제 전체가 공황에 빠지게 됩니다. 물론 이 경우 공급

과잉은 상품의 가격을 인하시켜서 생산자의 공급을 줄임으로써 공급과 수요를 일치시킬 수도 있을 것입니다. 그러나 낮은 가격으로 상품을 파는 생산자는 은행에서 빌린 돈을 갚지 못해 파산할 수도 있다는 점을 명심해야 합니다. 다시 말해 공황은 일부의 상공업기업을 '파산'시켜 상품의 공급을 축소시킴으로써 시장에서 수요와 공급을 일치시키는 역할을 하고 있습니다.

둘째로, 개별 자본가는 경쟁 상대방보다 상품을 싸게 만들려고 노력합니다. 예컨대 컴퓨터 생산 기업으로 A와 B 둘이 있을 때, A와 B 모두가 동일한 컴퓨터를 100만 원(평균이윤을 포함한 가격)에 제조한다면, 이 컴퓨터의 '시장가격'은 100만 원이 됩니다. 그런데 A나 B는 모두 자기의 컴퓨터를 시장가격보다 싼 70만 원 정도에 만들어 시장가격 100만 원에 팔아 30만 원쯤의 '초과이윤'을 얻으려고 할 것입니다. 그런데 만약 A가 생산비용을 절감하는 새로운 기술을 잽싸게 도입하여 자기의 컴퓨터를 70만 원에 생산한 뒤, 시장가격 100만 원에 팔지 않고 80만 원에 팔기 시작한다면, B는 망할 수밖에 없고, 나아가서 B의 채권자들도 망하여 경제가 공황에 빠질 수 있습니다. 물론 B도 뒤늦게 새로운 기술을 도입하여 A처럼 컴퓨터를 70만 원에 만들 수 있는데, 이렇게 되면 컴퓨터의 시장가격은 70만 원으로 내려가지 않을 수 없습니다. 경쟁이 혁신을 도입하여 상품의 가격을 인하시킨다는 이야기는 이것을 가리키지만, 이 과정에서도 공황이 일어날 가능성은 위의 예에서처럼 있는 것입니다.

셋째로, 경제가 발달함에 따라 산업부문이 다양화하고 한 산업 안의 기업들 사이 분업도 크게 발달하게 됨으로써, 경제 각 부문 사이의 상호 의존성이 크게 증가합니다. 하나의 완성품을 만들려면 분업에 의해 전문화한 온갖 산업부문의 수많은 개별 기업들의 협력(협업)이 필요합니다. 그런데 자본주의에서는 온갖 산업부문의 수많은 개별 기업들이 자기의 판매 예상에 따라 상품을 생산하여 시장에 공급하기 때문에, 시장에서 완성품이나 부품의 수요와 공급이 일치하기가 불가능합니다. "공장에서는 생산 목표에 따라 계획적으로 생산하지만, 시장에서는 무계획성 또는 무정부성이 지배하고 있다"는 이야기가 이것을 가리킵니다. 더욱이 생산의 세계화가 크게 진행되고 있으므로, 국경을 넘는 분업과 협업의 조직화가 더욱 중요하게 되었습니다. 그러나 현재 경제활동은 세계화되고 있지만, 이 경제활동을 규제·감독·조정하는 업무는 '세계국가'가 아니라 각각의 국민국가가담당하고 있으므로, 분업과 협업의 국제적 조직화는 국가이익의 상충 때문에 진행되지를 않고 있습니다. 무역 전쟁·환율 전쟁·패권주의적 침략 등이 세계경제의 불균형을 더욱 심화시키면서 세계경제를 공황 속으로 빠뜨리고 있습니다.

그런데 생산의 무정부적 성격은 거대한 독점체가 나타나면 약화된다는 주장이 등장했습니다. 경쟁을 통해 약소한 자본가들이 파산함으로써 생겨나는 거대하고 독점적인 자본가를 말하는 것입니다. 그러나 다수의 산업부문을 포괄하는 국민경제 전체를 하나의 독점자본이 지배하기는 어렵습니다. 실제로 자본주의에서 나타나는 독점은 일정한 산업부문에서 소수의 거대한 자본가가 제한적으로 경쟁하는 형태입니다. 소수의 거대한 독점적 자본가들끼리는 가격의 설정, 시장의 지역적 분할, 판매 조건(할부판매와 할인판매 등)의 동일화 등에서 합의를 이루어 독점이윤을 얻을 수 있습니다. 그러나 그들은 새로운 생산방법을 도입하여 생산 비용을 인하함으로써 초과이윤을 획득하는 일을 막을 수 없기 때문에, 위에서 말한 경쟁과 무계획성의 폐해는 그대로 남습니다. 더욱이 자본주의적 국가가 경제에 개입하더라도, 자본가들의 이윤 획득 욕심을 제거하지 못한다면 생산의 무정부성 또는 무계획성은 그대로 남아 있을 수밖에 없습니다.

부르주아 경제학은 흔히 경쟁이 효율성을 올린다고 이야기합니다. 효율성이 "일정한 상품량을 만들어 내는 데 드는 인적·물적 자원의 크기"로 측정된다면, 경쟁은 과잉생산과 기업들의 파산을 야기하기 때문에, 도리어 엄청난 인적·물적 자원을 낭비하는 측면을 가지고 있다고 말해야 할 것입니다. 경쟁 대신 계획이 훨씬 더 효율적일 수 있습니다.

〈그림 2-5〉에서 보는 바와 같이, 모든 주민이 그 사회의 모든 인적·물적 자원을 공동체(지역과 전국)를 위해 사용하기로 주민자치위원회를 통해 결정한다고 해 봅시다. 일할 수 있는 모든 사람은 자기의 능력과 적성에 따라 공동체의 작업에 참여해야 하고, 그 사회에 있는 모든 토지와 공장과 기계와 원자재는 공동체가 이용할 수 있는 자원이 됩니다. 주민자치위원회는 모든 주민들에게 자기와 가족이 1년 동안 소비할 재화와 서비스의 종류와 수량을 컴퓨터를 통해 알려 줄 것을 요구하여 모든 주민들의 필요와 욕구를 파악하게 됩니다. 주민

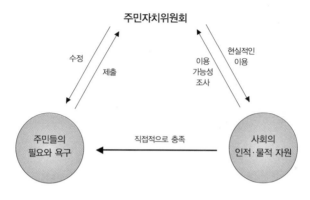

〈그림 2-5〉 참여 계획 경제

자치위원회는 그 사회의 인적·물적 자원이 주민들의 필요와 공동체 자체의 공적 필요(학교, 병원, 철도와 도로, 스포츠센터, 오락시설 등)를 충족시키는 데 충분한지를 검토하여, 주민들의 요구 사항과 공동체의 필요에 대한 여러 가지 계획안을 작성하여 주민들에게 토론하게 할 것입니다. 현재의 고도로 발달한 쌍방향의 정보통신 기술은 효과적이고도 민주적인 계획 경제의 수단이 될 수 있을 것입니다. 이리하여 계획이 확정되면 주민자치위원회는 그 계획대로 재화와 서비스를 생산하여 각각의 주민에게 배달해 줄 것입니다. 수요와 공급은 처음부터 일치하게 되고, 일할 수 있는 모든 사람이 일에 참여하기 때문에 하루의 노동시간은 3시간으로 단축되며, 빈부의 격차도 없고 지배와 억압도 없는 자유롭고 평등하며 연대감이 넘치는 새로운 사회가 올 것입니다.

3장

—

공황의 필연성

2장에서는 자본주의가 화폐를 사용하며, 자본가들 사이에 경쟁이 있다는 사실만으로도 과잉생산과 공황을 일으킬 매우 추상적인 가능성이 있다는 것을 보았습니다. 그러나 자본가들이 더욱 큰 이윤을 얻으려고 온갖 수단을 사용한다는 자본주의의 특성은 아직 제대로 지적되지 않았습니다. 이 장에서는 자본가 더욱 큰 이윤을 얻으려고 사용하는 수단들이 오히려 이윤 획득과 자본축적을 저지하면서 공황을 야기하게 된다는 것을 설명하려고 합니다. 이렇게 되면, 공황은 자본주의에서는 필연적이라는 결론을 내리지 않을 수 없을 것입니다.

1. 자본의 목적은 이윤의 증대

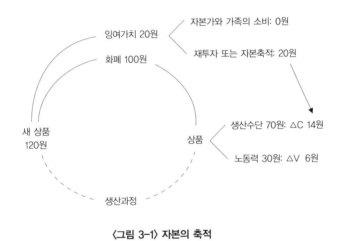

〈그림 3-1〉 자본의 축적

〈그림 3-1〉은 〈그림 2-2〉에 잉여가치가 자본으로 재투자되는 과정, 즉 자본축적을 추가한 그림입니다. 자본가는 자기의 자본을 최대로 증식시키는 것을 목표로 삼기 때문에, 잉여가치의 일부라도 자기와 가족의 소비에 사용하지 않고 모두를 재투자한다고 가정하였습니다. 잉여가치 20원을 모두 재투자하면, 그것의 일부(14원)는 생산수

단(기계와 원료)을 추가로 구매하는 데 사용되며, 나머지(6원)는 노동자를 추가로 고용하는 데 사용될 것입니다. 이렇게 되면 그의 자본 규모는 100원에서 120원으로 증가하게 됩니다.

새 상품의 가치가 120원이 되는 것은 〈그림 2-2〉에서도 밝힌 바와 같이, 노동자가 기계를 사용해 원료를 가공하여 새 상품을 만들기 위해, 하루 10시간 노동하는 과정에서 생산수단의 가치 70원을 새 상품에 옮길 뿐만 아니라 '새로운 가치' 50원을 새 상품에 추가하기 때문입니다. "노동자의 노동만이 새로운 가치를 창조한다"는 원리에 따라, 새 상품의 가치 120원에서 생산수단의 가치 70원을 뺀 나머지 50원은 노동자가 창조한 새로운 가치라고 파악한 것입니다. 이렇게 되면, 노동자가 창조한 가치 50원은 자기가 받는 임금(노동력의 가치) 30원과 자본가가 얻는 잉여가치 20원으로 나누어지며, 자본가는 공짜로 잉여가치 20원을 얻게 되는데, 이것을 가리켜 "자본가가 노동자를 착취한다"고 말하는 것입니다.

    노동자가 창조한 새로운 가치 50원
          =노동력의 가치 30원+잉여가치 20원
    노동자의 하루의 노동시간 10시간
          =필요노동 6시간+잉여노동 4시간

자본가가 잉여가치를 증가시키는 방법으로는 노동일(즉, 하루의 노동시간)을 10시간 이상으로 연장시키는 방법(절대적 잉여가치의 생산)과, 노

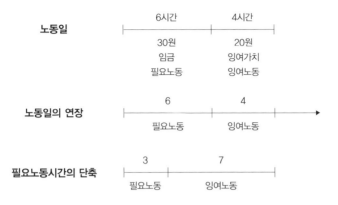

〈그림 3-2〉 절대적·상대적 잉여가치의 생산

동일은 10시간 그대로 둔 채 필요노동시간을 줄이는 방법(상대적 잉여 가치의 생산)이 있습니다.(〈그림 3-2〉 참조)

노동일을 10시간에서 12시간, 15시간 등으로 연장하는 방법은 노동자들을 기진맥진하게 만들기 때문에, 노동자들이 노동조합을 결성하여 대규모로 반대했습니다. 또한 자본가계급 전체도 노동자들이 몸이 약해져 제대로 일을 하지 못하면 손실을 입게 될 것이었습니다. 그러나 경쟁하는 자본가들은 어느 누구도 먼저 노동일을 단축하려고 하지 않았습니다. 자본가 A가 자기 혼자 노동일을 10시간에서 8시간으로 단축하면 그는 다른 자본가들보다 적은 잉여가치를 얻을 것이며 경쟁에서 도태될 것이 분명하기 때문입니다. 이리하여 '자본가계급 전체의 장기적인 이익'을 도모하는 '국가'(또는 정부)가 자본가계급 모두를 위해 예컨대 하루 10시간 노동을 '표준 노동일'로 정하게 된 것입니다. 지금 한국에서 법으로 정한 표준 노동일은 8시간입니다만, '변형근로제'를 허용하기 때문에, 한 주에 40시간(8시간×5일)을 넘지 않는 한 노동자에게 예컨대 월요일 12시간, 화요일 10시간, 수요일 4시간, 목요일 6시간, 금요일 8시간 일을 시킬 수 있습니다.

표준 노동일이 10시간으로 정해지면 하루 10시간 이상 일을 시키는 것은 불법이 되므로, 이윤의 원천인 잉여노동을 증가시키기 위해서는 노동자에게 주는 '임금'을 줄여야 할 것입니다. 그러나 임금은 노동자와 가족의 '정상적인 생활'(의식주와 문화생활)에 필요한 재화와 서비스를 구매할 수 있는 수준이어야 할 것입니다. 왜냐하면 그 이하로 임금수준이 내려가면 노동자들은 기진맥진하거나 의기소침하여 제대로 일을 할 수 없을 것이기 때문입니다. 따라서 노동자의 정상적인 생활에 필요한 재화와 서비스의 양적 규모를 줄이는 것이 아니라, 하루 10시간의 노동 중에서 자기가 받는 임금(재화와 서비스의 양으로 계산한 실질임금)이 차지하는 노동시간(즉 필요노동시간)이 예컨대 6시간에서 3시간으로 줄어든다면, 잉여노동시간은 4시간에서 7시간으로 증가할 것입니다.

노동자와 가족이 정상적인 생활을 하기 위해서는 하루에 라면 100개가 필요하다고 가정합시다. 라면이 음식·옷·신발이 될 수 있고 라면으로 아파트 임대료·교통비·학원 수강료도 지급할 수 있다고 가정하는 것입니다. 라면 100개가 노동자의 하루 실질임금이고, 라면 100개를 만드는 데 그 사회에서 드는 비용—노동시간으로 따진 것 — 이 바로 필요노동시간 6시간이며, 이 6시간이 '노동력을 재생산하는 데 드는 노동시간', 즉 '하루 노동력의 가치'가 될 것입니다.

필요노동시간
=노동자의 실질임금을 생산하는 데 드는 그 사회의 노동시간
=노동력을 재생산하는 데 드는 노동시간
=노동력의 가치

결국, 그 사회의 노동생산성(노동자가 단위시간에 생산하는 재화나 서비스의 양)이 향상되면, 1단위당 재화나 서비스의 가치가 줄어들기 때문에, 라면 100개의 가치가 6시간(30원)에서 예컨대 3시간(15원)으로 줄어들고 잉여노동이 4시간(20원)에서 7시간(35원)으로 증가하게 되는 것입니다. 라면 공장의 사장이 라면을 생산하기 위해서는 공장 건물과 라면 기계, 그리고 원료인 밀가루·기름·고춧가루를 외부에서 구입해서, 자기 노동자에게 작업시켜야 합니다. 라면 100개의 가치(또는 가격)가 내려가기 위해서는, 건물·기계·원료의 가치(또는 가격)가 각 산업분야의 노동생산성 향상에 의해 내려가야 할 것이고, 또한 라면 공장 노동자의 노동생산성이 향상되어야 할 것입니다. 자본가계급 전체로 보면, 노동생산성을 향상하는 기술혁신이 이윤(또는 잉여가치)을 증가하게 하는 가장 중요한 수단이 될 수밖에 없습니다. 지금까지 놀랄 만한 기술혁신이 생겨 노동생산성이 눈부시게 발달할 수 있었던 것은 모두 자본가가 '상대적 잉여가치'를 얻기 위해 노력한 결

과라고 말할 수 있습니다.

　물론 우리는 자본가계급 전체의 관점이 아니라 경쟁하는 개별 자본가의 관점에서도 기술혁신의 필요성을 증명할 수 있습니다. 자본가들 사이의 경쟁은 무엇보다도 상품을 값싸게 만들어 내는 경쟁입니다. 예컨대 반도체 1개의 '시장가격'이 70원이라고 가정합시다. 그러면 자본가는 어떻게든 반도체를 70원 이하로 만들어 시장에서는 70원에 팔려고 경쟁하게 됩니다. 그래서 최초로 혁신을 도입한 자본가는 반도체를 50원에 만들어 시장가격 70원에 판매함으로써 20원의 '초과이윤'(또는 특별잉여가치)을 얻을 수 있습니다. 다시 말해 자본가들끼리의 경쟁은 이 초과이윤을 얻으려는 경쟁이라고 말할 수 있습니다. 그런데 여타 자본가들도 경쟁에서 지지 않으려고 동일한 혁신을 도입하게 되면, 모든 자본가는 50원에 반도체를 만들게 될 것이고, 이제 반도체의 시장가격은 50원으로 내려갑니다. 이처럼 반도체의 시장가격이 70원에서 50원으로 내려가면 반도체를 생산하는 자본가들이 손해를 보게 될 것이 아닙니까? 그런데 여타 산업 부문에서도 경쟁이 일어나서 각 부문의 상품 가격이 반도체 부문처럼 내려간다면, 라면을 포함한 노동자들의 생필품 가격도 내려가고, 결국 임금수준 ― 라면 100개의 가격 ― 이 30원에서 15원으로 내려가 잉여가치가 20원에서 35원으로 증가하게 됩니다.* 자본가들이

---

* 임금수준이 30원에서 15원으로 내려가는 것은 실질임금인 라면 100개의 가치가 30원(1개에 0.3원)에서 15원(1개에 0.15원)으로 떨어졌기 때문입니다. 물론 여기에서는 라면 가격이 통화량의 변동에 의해서는 영향을 받지 않고 오직 노동생산성의 변화에 의해서만 영향을 받는다

경쟁을 통해 자기 상품의 가격을 시장가격 이하로 낮추어 초과이윤을 얻는 과정에서 노동자의 임금수준이 저하되기 때문에, 자본가계급 전체는 더 큰 잉여가치를 얻게 되는 것입니다.

고 가정하고 있습니다. 또 현실적으로 자본가가 30원의 화폐임금을 받고 있던 노동자에게 이제 15원을 준다면, 노동자는 15원을 받아들이지 않으려고 파업할 수가 있습니다. 이 임금 투쟁에서 자본가는 노동자에게 15원 대신 21원을 화폐임금으로 주고 자기는 35원 대신 29원의 잉여가치를 받을 수 있을 것입니다. 이렇게 되면 노동자의 화폐임금은 30원에서 21원으로 적어지지만 실질임금은 라면 100개에서 140개(21원/0.15원)로 증가했기 때문에 노동자는 이익을 봅니다. 자본가도 잉여가치를 이전의 20원에서 29원으로 증가시켰기 때문에 만족할 수 있습니다. 자본주의의 긴 역사에서 노동자의 생활도 향상되면서 자본가의 이윤 규모도 중대한 근거가 여기에 있습니다.

2. 이윤 획득과 자본축적이 내포하는 모순들

실업자의 발생과 생산물 시장의 축소

자본가는 더욱 큰 이윤을 얻기 위해 새로운 기술과 생산방법을 도입하며, 그에 따라 이미 고용되어 있는 취업자를 해고시킵니다. 이 해고된 사람이 바로 실업자입니다.

〈표 3-1〉에서 보는 바와 같이, 어느 자본가가 처음 10,000원을 투자하여 5,000원의 임금 총액으로 50명의 노동자를 고용하여 사업을 시작했다고 합시다.(A단계) 그리고 이 사업이 잘 되어, 자본가는 당분간 생산방법을 변경하지 않고 생산 규모를 확대하기 위해 30,000원을 추가로 투자했습니다. 이제 투자 자본 규모는 40,000원이 되고 임금 총액은 20,000원이 되어, 고용된 노동자의 수는 200명으로 증가했습니다.(B단계) 이런 상황이 얼마간 계속되다가 새로운 효율적인 기계가 발명되자 자본가는 이 기계를 도입하게 되었습니다. 이 기계는 많은 노동자를 필요로 하지 않기 때문에(노동 절약적이기 때문에), 현재 규모의 생산량을 유지하기 위해서는 노동자가 60명만 필요하므로, 140명을 해고시켰습니다.(C단계) 이 해고된 노동자가 바로 실업자

〈표 3-1〉 기술혁신과 고용량

	투자 자본	생산수단의 구매액 : 임금 총액	임금 총액	임금수준	고용량
A	10,000원	1 : 1	5,000원	100원	50명
B	40,000원	1 : 1	20,000원	100원	200명
C	60,000원	9 : 1	6,000원	100원	60명

입니다.

실업자는 노동인구가 많아서 생기는 것이 아닙니다. 조금 전에는 취업자가 200명이었다가 이제는 실업자가 140명이 되었지만, 그 사이에 노동인구가 급증한 것은 아닙니다. 자본가가 이윤을 얻기 위해 필요로 하는 노동자의 수(위의 예에서는 60명)를 초과하는 만큼의 노동자가 실업자로 바뀌는 것입니다. 만약 실업자를 사회 전체가 먹여 살려야 하는 '새로운 사회'라면 실업자를 만들어 내지 않고 모든 노동자의 노동시간을 단축시킬 것입니다. 2005년의 OECD 발표에 따르면, 한국의 연간 실제 노동시간은 2,351시간(주당 46시간)으로 회원국들 중 1위이며, 2위는 폴란드로서 1,970시간(주당 38시간으로 한국보다 16%나 짧음)이고, 가장 적게 노동하는 나라는 네덜란드로서 1,332시간(주당 26시간으로 한국보다 43%나 짧음)이었습니다.

실업자는 자신이 적립에 기여한 실업보험으로 몇 개월 동안의 실업 급여를 받고 나면 그 뒤부터는 전혀 소득이 없으므로, 소비재를 구매할 여력이 없고, 따라서 소비재의 시장은 축소됩니다. 더욱이 갓 학교를 졸업한 실업자는 실업 급여도 받을 수 없으므로 생활은 최하 수준이며, 미래에 대한 희망도 잃고 자포자기하기 쉽습니다. 엄청난 인간 능력의 낭비입니다. 또한 실업자가 많은 상황에서 자본가는 정규직을 비정규직으로 대체하면서 임금수준을 줄이고 비정규직에게 는 보험(고용보험·건강보험·산재보험·국민연금보험) 혜택도 주지 않습니다.

그런데 노동자의 임금이란 두 가지 상반되는 측면을 가지고 있습니다. 개별 자본가는 임금을 오직 생산 비용으로 파악하여 될수록 절감하려고 하지만, 자본가 전체(또는 사회 전체)로서는 임금이 소비재의 수요(그리고 나아가서 생산재의 수요)를 증가시켜 시장을 확대하는 가장 중요한 항목입니다. 따라서 자본주의에서는 임금 총액을 감소시켜 이윤 획득 욕심을 충족시키려는 자본가들의 노력 때문에, 상품들의 시장이 점점 더 축소되는 경향이 있습니다. 이리하여 시장을 확대하려고 해외 수출시장을 개척하며, 소비자에게는 신용카드를 쉽게 발행해서 빚을 지면서 소비하라고 강요하게 되는 것입니다.

그러나 수출시장의 개척은 국내시장을 더욱 축소하는 경향을 낳습니다. 세계적으로 특수한 기술이 없는 산업은 국내의 값싼 노동력을 이용하여 국제경쟁력을 유지해야 하므로, 임금수준을 계속 인하하여야 하며, 임금 인상을 요구하는 노동운동을 공권력으로 탄압하게 됩니다. 이렇게 되면 임금 총액이 감소하게 되므로 국내시장은 더욱 축소하게 되며, 정부와 기업은 더욱더 수출시장의 개척과 국내 임금수준의 인하를 도모하지 않을 수 없습니다. 수출 증가와 서민의 불행이 악순환을 이루기 때문에, 그리고 세계가 현재 공황 상태에 빠져 있기 때문에, 경기 부양책으로서의 수출 증가 정책은 오래가지 못할 수밖에 없습니다.

소비재에 대한 수요를 증가시키고 이를 통해 소비재 산업이 생산재를 더욱 많이 구입하도록 하기 위해, 김대중 정부는 신용카드를 누구에게나 발행해 주게 하여 소비자의 소비 수요를 진작시켰고, 이명박 정부는 이자율을 낮추어 가계 대출을 대규모로 증가시킴으로써 부동산과 주식의 가격을 올려 이 투기 이익으로 소비를 증가시켰습니다. 그러나 이렇게 개인들의 부채 증가를 통해 소비 수요를 유지·증가시키는 것은 처음부터 개인의 재산 규모라는 한계에 부닥치지 않을 수 없었습니다. 결국 2003년에 신용카드 대란이 일어나 신용 불량자가 대규모로 생겨났고 금융기업들도 큰 피해를 입었으며, 2008년에는 투기적인 주택업자들에게 대규모로 대출한 은행들이 정부의 구제금융을 받지 않을 수 없었고, 2011년 3월에는 저축은행들이 파산에 직면했습니다. 또한 부동산과 주식의 가격이 하락하고 이자율이 상승하면서 대규모의 부채를 진 가계들은 점점 더 파산할 위험에 부닥치고 있습니다.

미국의 경우, 1980년부터 시작된 신자유주의는 완전고용보다 인플레이션 억제를 경제정책의 제1목표로 삼았기 때문에, 임금 상승을 규제하기 위해 노동조합을 탄압하고 법적인 최저임금수준을 낮은 상태로 유지하며 노동생산성의 향상과 임금 상승 사이의 연계를 끊었습니다. 이리하여 임금 증가→소비 수요 증가→투자 수요 증가→

경제성장이라는 메커니즘이 작동하지 못했습니다. 신자유주의는 임금은 인상하지 않으면서 그 대신에 소득이 낮은 소비자에게는 차입을 권유했고, 소득이 높은 소비자에게는 주식 가격과 주택 가격의 거품을 통해 자산 가격의 상승에 의한 재산 효과로 소비를 진작시켰습니다. 그러나 채무에 대한 원리금 상환 문제가 곧 대두했고, 자산 가격의 상승도 곧 한계에 도달했기 때문에, 경제성장의 동력인 소비 수요가 격감하여 공황이 터지게 된 것입니다.

기술혁신의 촉진과 기존 생산설비의 무용지물화

개별 기업들은 초과이윤을 얻으려고 끊임없이 기술혁신을 단행하게 됩니다. 기술혁신을 도입하여 반도체를 50원에 생산하는 기업 A는 반도체의 시장가격인 70원에 물건을 팔아 20원의 초과이윤을 얻게 됩니다. 그러나 이 과정에서 A가 반도체를 70원에 팔지 않고 60원에 팔아 10원의 초과이윤을 얻으면서 시장점유율을 확대하려고 한다면, 60원 이상의 가격으로 반도체를 생산하는 기업들은 손실을 입어 파산하지 않을 수 없습니다. 또한 초과이윤을 얻으려는 무한경쟁 속에서 새로운 기술을 도입한 A도 새로운 기술 도입에 따른 큰 지출과 기존 생산설비의 폐기 처분에 따른 엄청난 손실 때문에 파산 위기에 부닥칠 수 있습니다. 초과이윤을 얻기 위하여 도입해야 하는 기술혁신이 기존의 생산설비를 무용지물로 만들면서 자기 기업과 다른 기업들을 파산시키는 경우에, 경제 전체는 위기 국면에 빠지게 됩니다.

1990년대 후반에는 미국의 IT 산업에서 놀라운 기술혁신이 일어나서 IT 산업에 거대한 투자가 행해지고, 이것이 결국은 IT 상품의 과잉생산을 야기함으로써 IT 산업을 붕괴시켰습니다. 이윤을 증가하게 해 주는 기술혁신이 기업들을 파산시키는 원인이 되어, 공황을 야기하게 되었습니다.

자본의 대규모화와 불가능해진 새 독립자본의 형성

자본가가 바라는 것은 될수록 많은 이윤을 얻고 그 이윤을 자본으로 전환시켜 자기의 자본 규모를 끊임없이 증가시키는 것, 즉 자본의 가치 증식입니다. 이 과정에서 자본의 집적(이윤을 자본으로 축적하는 일)과 자본의 집중(다른 기업들을 인수·합병하는 일)이 일어납니다. 이리하여 자본 규모가 점점 더 커지면, 산업자본으로 기능할 수 있는 최소한의 자본규모도 커지므로, 새로운 독립적인 자본이 성공하기가 매우 어렵게 됩니다. 그런데 원래 새로운 독립적 자본은 자본 규모가 작기 때문에 이윤율이 높아야 살아남을 수 있으므로, 새로운 발견과 발명 등 혁신을 추구하여 산업 전체에 활력을 주는 원동력입니다. 독립자본이 새로 형성되지 못하는 채로 대규모의 독과점적 기업이 생산을 지배하게 되면, 기존의 생산방법을 그대로 유지하기 때문에 생산의 확대에 비례하여 노동자의 고용이 증가하므로 노동 인력에 대한 수요 증대로 임금수준과 임금 총액이 증가하여 이윤이 감소하게 되고,

새로운 상품이 시장에 나오지 않기 때문에 상품이 팔리지 않아 시장은 포화 상태에 빠집니다. 이런 상황은 독과점적 기업들을 파산으로 몰아가게 될 것입니다. 더욱이 새로운 생산방법이 등장하여 널리 채택된다면, 독과점적 기업도 기존의 생산설비를 폐기해야 하며 따라서 거대한 손실을 입지 않을 수 없으므로, 독과점적 기업은 새로운 생산방법을 아예 매입하여 널리 채택되지 못하게 하는 경우도 있습니다. 그 결과 경제 전체가 동맥경화증에 걸려 침체를 맞이하게 됩니다.

3. 이윤율 상승 요인과 저하 요인 사이의 모순

마르크스가 『자본론』 III 제3편에서 서술한 '자본축적의 진행에 따라 나타나는 이윤율 저하 경향의 법칙'(TRPF 법칙)은 다수의 마르크스주의자들 사이에서도 잘못 이해되고 있기 때문에, 여기에서 좀 더 자세히 논의하려 합니다. 결론부터 먼저 말하면, 첫째로 여기의 '이윤율'은 개별 자본의 이윤율이 아니라 사회의 '평균이윤율'입니다. 개별 자본들은 이윤율이 더 높은 경제 부문으로 경쟁적으로 이동하므로, 이 경쟁적 이동 과정의 어느 순간에 모든 경제 부문의 이윤율이 하나의 동일한 이윤율로 수렴하게 되는 것을 개념적으로 파악한 것이 바로 평균이윤율입니다. 둘째로 TRPF 법칙은 "이윤율이 실제로 저하한다"는 것을 예측한 법칙이 아닙니다. 셋째로 공황은 이윤율이 현실적으로 저하해야만 발생하는 것이 아니라, 이 법칙이 내포하고 있는 이윤율 상승 요인과 저하 요인 사이의 모순에 의해서도 발생할 수 있습니다.

평균이윤율의 공식

마르크스는 사회의 평균이윤율을 경제의 각 부문에 투자되어 있는 '자본들 전체'(또는 총자본)의 연간 이윤율로 표시하고 있습니다. 연간 이윤율은 자본가 전체가 1년 동안 얻은 잉여가치를 투자 금액으로 나눈 것입니다. 연간 이윤율이 높으면 자본가는 투자할 의욕이 강해지고 투자할 능력도 증가합니다. 연간 이윤율의 공식은 다음과 같이 표현할 수 있습니다.

r : 연간 이윤율

s : 1년 동안 얻은 잉여가치

c : 생산수단(기계와 원료)의 구입에 투자한 돈

　　＝생산수단의 단위당 가격(Pc)×생산수단의 양(Qc)

v : 노동력의 구입에 투자한 돈(임금 총액)

　　＝노동자의 임금수준(Pv)×노동자의 수(Qv)

$$r = \frac{s}{c + v} = \frac{s}{(Pc \times Qc) + (Pv \times Qv)} \qquad \langle 3\text{-}1식 \rangle$$

그런데 만약 자본가가 s를 자기와 가족을 위해 전혀 소비하지 않고 오로지 공장의 확대에 사용한다면, 투자 자본의 규모(또는 공장의 규모)는 이윤율만큼 매년 증대할 것입니다.(〈그림 3-1〉 참조) 자본가가 이윤율의 크기에 가장 큰 관심을 가지는 이유는 바로 여기에 있습니다.*

$$r = \frac{s}{c+v} \fallingdotseq \frac{\triangle c + \triangle v}{c+v} = \text{자본팽창률}$$
$$\text{(또는 자본증가율 또는 자본증식률)}$$

〈3-1식〉은 다음과 같이 좀 더 자세히 분해할 수 있습니다.

$$r = \frac{s}{c+v} = \frac{\dfrac{s}{v}}{\dfrac{c}{v}+1} = \frac{\dfrac{s}{v}}{\dfrac{Pc\,Qc}{Pv\,Qv}+1} \qquad \text{〈3-2식〉}$$

이윤율을 상승시키는 요인

앞에서 보았듯이, 자본은 상대적 잉여가치를 획득하기 위해 노동일 중 필요노동시간을 줄여서 잉여노동시간을 늘리려고 합니다. 그런데 필요노동시간은 노동자의 하루 실질임금(앞의 예에서는 라면 100개)의 생산에 드는 노동시간을 가리키므로, 라면 100개의 가치를 저하

---

* 만약 이 자본가가 1960년 1월 1일 100원을 투자한 뒤 매년 20%의 이윤을 얻어 계속 축적했다고 가정하면, 2010년 1월 1일에는 자본 규모가 약 91만 44원이 되며, 처음 투자한 100원은 0.01%에 지나지 않습니다. 다시 말해 자본가가 지금 가지고 있는 자본은 모두 노동자의 잉여노동(또는 잉여가치)이 적립된 것이므로 자기의 것이라고 주장할 수가 없습니다.

시키면 노동자의 필요노동시간이 줄어들고 잉여노동시간이 늘어납니다. 따라서 라면 100개(또는 노동자의 의식주와 문화생활에 필요한 재화와 서비스의 전체)의 가치를 저하시키는 노동생산성의 향상이 상대적 잉여가치를 증가시키는 핵심적인 수단으로 등장한 것입니다. 물론 개별 자본가가 자기의 상품을 시장가격보다 싸게 만들어 시장가격으로 판매함으로써 초과이윤을 얻으려고 노력하는 과정에서도 노동생산성의 향상은 핵심적인 수단입니다.

이리하여 자본은 노동생산성을 향상시키기 위해 기계화·자동화·로봇화를 광범하게 실시하게 되는데, 이것이 이윤율의 상승에 기여하는 요인을 〈3-2식〉에서 찾아봅시다.

첫째로 기계 생산 부문과 원료 생산 부문의 산업에서 노동생산성이 향상되어 기계와 원료의 값이 낮아지게 되면, 생산수단의 구매에 투자해야 할 돈(c)이 감소함으로써, r이 상승하게 됩니다.

둘째로 소비재 생산 부문에서 노동생산성이 향상되어 소비재 특히 노동자의 생필품의 값이 낮아지면, 노동자들에게 주는 임금 총액(v)이 감소하기 때문에 r이 상승하게 됩니다. 또한 이것은 노동자가 창조한 가치 총액 중 임금 부분을 줄이고 잉여가치 부분을 증가시키기 때문에, 착취율 s/v가 증가함으로써 r을 상승시키게 됩니다.

이윤율을 저하시키는 요인

자본이 상대적 잉여가치를 얻기 위해 도입하는 기계화·자동화·

로봇화는 생산과정에서 노동자의 수(Qv)에 비해 기계와 원료의 양(Qc)을 증가시킵니다. 다시 말해 Qc/Qv를 증가시킵니다. Qc/Qv의 증가는, 노동자 한 사람이 사용하는(또는 소비하는) 기계와 원료의 양이 증가하는 것을 가리키므로, 노동생산성을 향상시키는 원인인 동시에 노동생산성의 향상을 나타내는 지표이기도 합니다. 그런데 Qc/Qv의 증가는 〈3-2식〉에서 연간 이윤율 r을 저하시키는 요인이 됩니다.

노동생산성을 향상시켜 이윤을 증가시키려고 도입하는 기계화·자동화·로봇화가 한편으로는 연간 이윤율을 상승시키지만 다른 한편으로는 이윤율을 저하시킨다는 것입니다. 왜 이윤율이 저하한다는 것일까요?

〈그림 2-2〉에서 설명한 바와 같이 인간의 노동만이 새로운 가치를 창조하며 인간의 잉여노동만이 이윤의 원천인 잉여가치를 창조하기 때문입니다. 기계화에 따라 이윤율이 저하하는 경우를 알아봅시다. 〈표 3-2〉에서는 투자 자본액이 100원이고, 그 구성비에서 기계와 원료에 대한 투자액이 점점 더 증가하는 경우에 Qc/Qv와 r이 어떻게 변동하는가를 볼 수 있습니다. 기계와 원료의 종류가 다양하기 때문에, 먼저 기계와 원료의 가치가 어떻게 변화했는가를 계산하여 가치지수(Pc)를 만들고, 그 다음으로 기계와 원료에 대한 투자액을 이 가치지수로 나누어 수량지수(Qc)를 만들었습니다. 임금지수(Pv)와 노동자의 수(Qv)의 경우에도 마찬가지의 방식을 취했습니다. 기계화에 따른 노동생산성의 향상을 반영하여 Pc와 Pv는 점점 저하했고, 노동

<표 3-2> 기계화와 이윤율의 저하 경향(가상적인 예)

투자 시점	c+v	c	Pc	Qc	v	Pv	Qv	Qc/Qv	Si	s	r
2001. 01. 01.	40+60	40	8	5	60	6	10	50/100	6	60	60%
2005. 01. 01.	60+40	60	6	10	40	5	8	125/100	7	56	56%
2011. 01. 01.	80+20	80	4	20	20	4	5	400/100	8	40	40%

자의 하루 잉여노동시간(Si)은 6시간에서 7시간으로 그리고 8시간으로 점점 증가했지만, 총 잉여노동시간(s)은 노동자 수(Qv)가 줄어듦에 따라 60시간에서 56시간으로 그리고 40시간으로 감소하지 않을 수 없었습니다. 결국 Qc/Qv가 50/100에서 125/100로 그리고 400/100으로 증가함에 따라 연간 이윤율(r)은 60%에서 56%로 그리고 40%로 저하한 것입니다.

기계화 · 자동화 · 로봇화의 한계

자본 전체로서는 상대적 잉여가치를 얻어야 하기 때문에, 그리고 개별 자본가로서는 초과이윤을 얻고자 하기 때문에, 노동생산성을 향상시키는 기계화·자동화·로봇화는 기업가에게 큰 인기입니다. 그러나 〈표 3-2〉에서 보는 바와 같이, 자동화와 로봇화는 자본 전체의 입장에서는 잉여가치를 창조하는 취업 노동자의 수(Qv)를 감소시키면서, 잉여가치를 생산하지 않는 기계와 원료의 규모(Qc)를 증가시키기 때문에 사회의 평균이윤율을 떨어뜨리는 주요한 요인이 될 수가 있습니다. 경쟁하는 다수의 자본가들이 서로 앞다투어 자동화와 로봇화를 도입하는 과정에서 초과이윤은 순식간에 사라지면서 평균이윤율은 저하하는 상황에 이를 수 있습니다.

이것 말고도 자본주의에서는 자동화와 로봇화가 광범하게 도입될 수 없는 사정이 있습니다. 첫째로 기업들은 무한경쟁에서 살아남기 위해 값비싼 자동기계나 로봇을 도입하지만, 이 도입 비용과 기존 생산설비의 폐기에 따른 손실을 메울 수 있는 이윤을 얻지 못한다면 그만 파산할 것입니다. 둘째로 자동화와 로봇화는 현재의 취업 노동자를 해고시키면서 생산량을 증가시키기 때문에, '고용 없는 성장'이 일어나고 나아가서 생산물을 누구에게 판매해야 하는가 하는 판로 문제를 야기하지 않을 수 없습니다. 따라서 자본주의에서 자동화와 로봇화는 자본가들의 이윤 획득 욕심 때문에 더욱 광범하게 확산되지 못할 가능성이 큽니다.

그러나 경제활동의 목적이 이윤 획득이 아니라 주민들의 필요와 욕구 충족에 있는 '새로운 사회'에서는 자동기계와 로봇이 큰 환영을 받을 것입니다. 왜냐하면 '위험하고 더럽고 어려운'(3D) 업무 및 생산수단·생활수단의 생산에 자동기계와 로봇을 많이 도입함으로써, 주민들은 노동시간을 단축하고 여가시간을 연장할 수가 있을 것이기 때문입니다. 그리하여 주민들은 개인 능력의 계발과 사회제도의 개선에 더욱 많은 시간을 사용할 수 있을 것입니다. 다만 새로운 사회에서도 기술혁신이 환경을 파괴하지 않도록 주의해야 할 것입니다.

이윤율의 현실적 저하에 따른 공황

자본축적 과정에서는 위에서 본 바와 같이, 한편으로는 이윤율을 저하시키는 요소(이윤율의 저하 경향)가 있고 다른 한편으로는 이윤율을 상승시키는 요소(이윤율의 상승 경향)도 있습니다. 그런데 이윤율의 저하 경향과 상승 경향의 크기를 '이론적으로' 측정할 수가 없기 때문에, 이윤율이 장기적으로 저하한다거나 상승한다고 이론적으로 이야기할 수는 없습니다. 그러나 이 두 개의 반대되는 경향은 현실에서 구체적인 이윤율의 변화로 나타나게 됩니다.

두 경향의 작용에 의해 어느 때는 현실적으로 이윤율이 저하할 수 있습니다. 만약 주요 산업의 이윤율이 저하하여 이윤의 규모가 생산수단과 노동력을 추가로 구입하는 데 필요한 '최소 자본의 규모'보다 적다면, 이 산업은 생산 규모를 확대할 수가 없습니다. 예를 들어 반도체 산업에서 반도체 공장을 최소한도로 확장하기 위해서는 기계와 원자재의 구입 및 노동자의 고용에 최소한 100억 원이 필요한데, 연간 이윤율이 작년까지 10%였다가 금년에 5%로 떨어지면서 이윤 총액도 80억 원으로 감소했다면, 이 반도체 공장은 외부로부터 기계와 원자재를 구입할 수 없고 노동자를 추가로 고용할 수도 없게 됩니다. 이렇게 되면 이 산업에 기계나 원료를 공급하던 산업들은 생산물 전부를 판매할 수는 없게 되며, 또한 이 산업의 노동자들에게 소비재를 판매하던 산업들도 생산물 전부를 판매할 수는 없게 됩니다. 이와 같이 기업들의 이윤율이 저하하면, 생산재와 소비재에 대한 사회의 수요(즉 케인스J. M. Keynes가 말하는 투자와 소비)가 부족하게 되어 생산물이 팔리지 않으며, 기업들은 파산하고 공황이 발생하게 되는 것입니다. 물론 이윤율이 저하하여 기업들이 채무의 원금과 이자를 갚지 못하게 되는 경우에도 기업들은 파산할 수 있습니다.

이윤율의 현실적인 저하 이외에도 '이윤율 저하 경향의 법칙'(TRPF 법칙)은 수많은 공황 발생 메커니즘을 예시하고 있습니다. 앞 절 '이윤 획득과 자본축적이 내포하는 모순들'에서 열거한 '실업자의 발생과 생산물 시장의 축소', '기술혁신의 촉진과 기존 생산설비의 무용지물화', '자본의 대규모화와 불가능해진 새 독립자본의 형성' 등은 모두가 TRPF 법칙에 속하는 모순들이라고 볼 수 있습니다.

4. 투기 자금으로 전환되는 유휴화폐자본

투기 활동의 강화

산업기업의 규모가 거대화하고 산업자본으로 기능할 수 있는 자본의 최소 규모가 증대하면, 이 최소 규모에 미달하는 유휴화폐자본은 생산에 투자될 수 없기 때문에, 은행과 증권시장에 모여 투기의 자금 원천이 됩니다. 유가증권(주식, 국채, 회사채)시장에서 유가증권에 대한 투기를 강화하여 그 가격을 대폭 상승시키면서 매매 과정에서 투기적 이윤을 얻는 것입니다. 그러나 증권시장에서는 경제 사정이 앞으로 나빠지리라는 소문이나 이자율이 앞으로 상승하리라는 소문에 의해서도 유가증권 가격이 폭락하기 때문에, 투기꾼은 때때로 큰 손실을 보아 몰락하면서 경제 전체를 공황에 빠뜨립니다.

또한 유휴화폐자본은 미래 전망이 좋은 산업 분야(예컨대 1990년대 미국의 IT 산업)를 지나치게 확장함으로써 과잉생산과 판매 불능을 야기하여 산업 전체를 파괴하면서 공황을 일으킵니다. 그리고 유휴화폐자본은 상인으로 하여금 구매한 상품이 모두 팔리기도 전에 또다시 구매하는 것을 반복하게 함으로써 생산업자들의 상품 생산을 더욱 확장시키며, 이 때문에 상인은 대규모의 상품을 창고에 보관하게 됩니다. 만약 생산자나 소비자가 상인이 예상한 만큼 기계와 원자재 및 소비재를 구매하지 않을 때는, 상인들이 파산하면서 경제 전체가 공황에 빠지게 됩니다.

경제의 금융화

새로운 부와 가치를 창출하는 생산 분야에 투자하기보다는 주식과 회사채 및 국채를 매매함으로써 이익을 얻으려는 금융활동이 경제를 지배하게 된 것을 '경제의 금융화'라고 부릅니다. 이에 따라 산업기업까지도 연구·개발을 통해 장기적인 이윤을 도모하지 않고, 대규모의 해고, 정규직의 비정규직화, 임금수준의 삭감, 회계 부정 등을 통해 단기적인 이익을 올려 배당을 증가시키고 주식가격을 상승시키는 것에 열중하게 되었습니다. 이리하여 산업기업의 미래를 어둡게 만든 것이 '주주 자본주의' — 주주의 이익을 최대한 보장하는 자본주의 — 의 큰 폐해였습니다. 실업자가 증가하고 서민의 소득은 줄어들고 빈부 격차는 심화되어, 건전한 자본주의적 발전은 거의 불가능하게 되었습니다. 여기에다가 2007년 8월부터 금융적 투기가 몰락하면서 미국 경제는 위기를 맞이하게 된 것입니다.

여기에서 강조해야 할 것은 산업자본의 생산 활동, 상업자본의 매매 활동과 금융자본의 금융 활동(대출과 증권투자) 중 새로운 가치와 잉여가치를 '직접적'으로 창조하는 활동은 산업자본의 생산 활동뿐이라는 사실입니다. 〈그림 2-2〉에서 본 바와 같이 상업자본의 상업이윤과 금융자본의 이자는 산업자본이 노동자를 착취한 잉여가치에서 분배된 것이었습니다. 왜냐하면 상업자본은 산업자본의 상품 판매를 대행함으로써, 산업자본으로 하여금 상품 판매에 투자해야 했을 자본을 절약하게 했기 때문이고, 금융자본은 산업자본에게 자본을 대출하여 산업자본이 잉여가치를 착취할 수 있게 했기 때문입니다. 더욱이 금융자본이 주식의 매매를 통해 투기 이윤을 얻는 것은 주식 투자자들의 주머니를 터는 것에 불과하므로, 금융자본은 기생적이라고 이야기할 수 있는 것입니다.

5. 경제의 세계화와 세계경제의 불균형 심화

자본은 최대의 이윤을 얻기 위해 국경을 넘어 팽창하기 때문에 세계화 경향을 띱니다. 특히 선진국들이 국제기구들을 통해 세계 각국에게 상품시장·외환시장·자본시장의 개방과 자유화를 요구한 1980년대 이래, 선진국 자본의 세계화는 크게 진전되었습니다. 그러나 자본의 세계화는 미국의 경우 상반된 효과를 낳았습니다. 한편으로는 미국의 산업자본·상업자본·금융자본이 세계를 무대로 활동하여 수익을 많이 올렸지만, 다른 한편으로는 미국 시장을 값싼 외국 상품에게 열어 줌으로써 미국의 무역수지가 거대한 적자를 내게 된 것입니다. 특히 낮은 임금수준의 거대한 노동 인력을 가진 중국이 세계 무대에 등장하자, 미국의 산업자본은 중국에 생산 기지를 설립하여 중국에서 미국으로 상품을 수출하는 경향이 생겼습니다. 미국에서 산업에 투자할 자본이 중국에 투자하고 새로운 혁신을 그곳에서 도모했으므로, 미국의 제조업은 점점 더 후퇴하게 된 것입니다. 그리하여 미국의 제조업 일자리가 줄어들고(〈표 3-3〉 참조), 미국의 소비지출도 중국의 값싼 상품을 구매하는 데 사용됨으로써 미국의 대중 무역 적자는 거대한 규모에 달했습니다.(〈표 3-4〉 참조)

<표 3-3> 미국 제조업 취업자의 수 (단위: 100만 명)

1997	1998	1999	2000	2001	2002	2003	2005	2007
17.42	17.56	17.32	17.26	16.44	15.26	14.51	14.32	13.88

출처: Palley(2009)

<표 3-4> 중국에 대한 미국의 무역 적자 (단위: 10억 달러)

1998	1999	2000	2001	2002	2003	2004	2005	2007
-56.9	-68.7	-83.9	-83.1	-103.1	-124.1	-161.9	-201.5	-256.2

출처: Palley(2009)

그런데 이렇게 미국의 산업 기반이 정체하고 약화되는 것에 대해 미국의 정책 당국은 자본가들과 소비자들이 이익을 본다면 괜찮다는 매우 편안한 태도를 보였습니다. 왜냐하면 달러가 세계화폐로서 기능하므로, 달러를 찍어 내어 무역 적자를 지급하면 그만이라고 생각했기 때문입니다. 그러나 이것이 계속되면 세계화폐인 달러에 대한 신뢰도가 떨어지기 때문에, 미국은 중국 정부로 하여금 무역 흑자로 얻은 달러의 상당한 부분을 미국 국채(재무부 증권이며 부도 위험이 거의 없으므로 이자율 또는 수익률은 매우 낮음)와 주식·회사채의 매입에 사용해 줄 것을 당부한 것입니다. 그리하여 미국과 중국 사이의 거래는 〈그

〈그림 3-3〉 미국과 중국 사이의 경제 관계

림 3-3〉과 같이 진행된 것입니다. 결국 미국 소비자는 자기의 소득이나 은행으로부터 얻은 차입에 의지해 값싼 중국 상품을 구매했고, 중국은 무역 흑자로 들어온 달러를 미국의 유가증권 매입에 투자함으로써, 미국의 국제수지는 균형을 이룰 수 있었습니다.

이렇게 중국이 미국 증권시장에 투자함으로써 미국 증권시장은 활황을 계속 유지했고, 유가증권 가격에 거품이 생기고 소비자의 재산 증가에 따라 소비가 증가하면서 경제성장이 어느 정도 유지되었습니다. 이것을 부르주아 경제학자들은 '새로운 경제'(New Economy)라고 찬양했지만, 미국 경제는 실질적인 산업 기반을 잃으면서, 소비자의 채무와 정부의 채무(달러 지폐의 발행이 가장 큰 비중을 차지함)가 크게 증가하고 있었던 것입니다.

이 무역 적자와 재정 적자는 달러에 대한 신뢰도를 점점 더 저하시킬 수밖에 없고, 따라서 미국 정부는 미국에 대해 무역 흑자를 가진 나라들에 대해 보복을 가하거나 무역 전쟁과 환율 전쟁을 전개했습니다. 이런 상황이기에 세계경제의 조화로운 발전을 위한 열강들 사이의 협조는 나올 수 없고, 서로서로 상대방 나라를 궁핍하게 만들어 자기 나라가 이득을 얻는 정책을 취하지 않을 수 없었던 것입니다.

다시 말해 각국 경제는 자본의 세계화를 통해 매우 밀접하게 통합되고 있는데, 이 세계화된 경제를 지휘하고 감독하여 불균형을 조정할 수 있는 권한을 가진 당국은 국민국가뿐이라는 사실이 세계대공황을 야기한 중요한 요인의 하나라고 볼 수 있습니다. 더욱이 지금의 세계대공황에서도 미국의 중앙은행은 달러의 가치를 다른 통화의 가치보다 낮춤으로써 수출을 증진하기 위하여 '양적 완화' 정책 — 달러를 찍어내는 정책 — 을 취하고 있기 때문에, 서울에서 2010년에 열린 세계 주요 20개국 회의(G20)에서도 환율 정책을 조율할 수가 없었습니다. 이렇게 되면 세계대공황이 오래 계속될 수밖에 없습니다.

4장

—

세계대공황의 역사

2008년에 폭발한 세계대공황을 설명하기 이전에 1930년대의 세계대공황과 1974~
1982년의 세계대공황을 간단하게 고찰하려고 합니다. 세계대공황을 일으킨 요인들과
세계대공황을 겪으면서 나타난 새로운 질서—자본축적의 양식, 각국 안의 계급 관계,
그리고 세계 질서—에 관심을 집중해 봅시다.

1. 20세기와 21세기에 폭발한 세 번의 세계대공황

　세계경제는 다수의 국민경제와 그들 사이의 무역 거래 및 자본 거래로 이루어져 있다고 볼 수 있지만, 실제로는 강대국의 다국적 상공업기업들과 금융기업들의 세계적인 활동, 그리고 강대국 국가들과 국제기구들의 세계 지배가 세계경제의 움직임에 큰 영향력을 행사합니다. 물론 세계경제는 세계의 GDP, 세계의 실업률, 세계의 산업생산, 세계의 교역량, 세계의 1인당 국민소득 등의 경제지표로 파악할 수 있을 것입니다. 또한 이런 지표들이 나타내는 '경제활동'의 급격한 변화를 종합적으로 판단하여 세계대공황의 시점을 결정할 수도 있을 것입니다. 그러나 세계경제를 지배한 강대국이 스페인과 포르투갈, 네덜란드, 영국, 미국 등으로 변천한 것에서 볼 수 있는 바와 같이, 패권국은 자기 나라 국민경제의 이익을 위해 세계 각국의 국민경제와 밀접한 상호관련을 맺기 때문에, 세계대공황은 사실상 패권국에서 먼저 공황이 폭발하고 이것이 세계 전체로 파급되는 형태를 취했습니다. 대체로 말하여 1901~2010년의 110년 사이에 세계대공황은 1930~1938년, 1974~1982년에 있었고, 또한 2008년부터 지금까지도 계속되고 있습니다.(〈그림 4-1〉 참조)

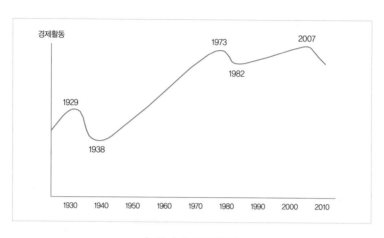

〈그림 4-1〉 세계대공황

　세계대공황은 세계경제(또는 강대국 국민경제)의 발달 과정에서 생긴 여러 가지의 문제점(또는 모순)이 폭발하는 형태이면서, 동시에 이런 문제점을 일시적으로 강력하게 해결하는 형태이기도 합니다. 따라서 세계대공황을 거치면서 새로운 패권국이 등장하거나, 자본축적 양식이 바뀌거나, 새로운 혁신들이 광범하게 나타나게 됩니다. 예컨대 1930~1938년의 대공황은 제2차 세계대전을 일으켰고, 그 결과 자유방임적 시장경제 체제가 혼합경제적 복지국가 체제로 바뀌었으며, 미국 중심의 국제통화기금(IMF)과 개도국을 위한 국제부흥개발은행(IBRD)이 세계경제를 사실상 다스리게 되었습니다. 1974~1982년의 세계대공황은 1973년의 석유파동에 의해 방아쇠가 당겨졌지만, 복지국가를 무너뜨리려는 자본가계급의 '투자 파업'과 우파 정치가들의 의도적인 실업 증대 정책 또한 크게 작용했습니다. 이 대공황을 거치면서 선진국들은 복지국가를 해체하고 공기업을 민영화(사유화)하며 부자들에 대한 세금을 대폭 삭감하였으며, 석유·가스 자원을 침탈하기 위하여 미국을 중심으로 중동 침략전쟁을 개시했습니다. 이러한 과정을 거치며 주주 자본주의, 경제의 금융화 등이 확립되고 산업 공동화가 일어나면서, 저소득층을 수탈하는 비우량 모기지 대출이 파탄 났고 이로 말미암아 2008년 9월에 미국 4위의 투자은행인 리먼브라더스가 파산하면서 세계대공황이 일어나게 된 것입니다.

앞으로 어떤 새로운 패권국, 어떤 새로운 경제체제, 어떤 새로운 혁신이 나타날지가 우리의 관심입니다. 이것은 제7장 '새로운 사회'에서 다룰 것입니다. 먼저, 그 앞에 나타난 두 번의 세계대공황에 대해 좀 더 자세히 알아봅시다.

2. 1930~1938년의 세계대공황:
제2차 세계대전의 발발과 복지국가의 형성

현재 주류 경제학자들의 주장에 따르면, 1930년대의 대공황은 또 하나의 경기후퇴에 불과했는데 미국의 중앙은행인 연방준비제도가 유동성을 대규모로 공급하지 않고 오히려 긴축 정책을 실시했기 때문에 경기후퇴가 대공황으로 발전했다고 합니다. 이런 분석에 의거하여 연방준비제도 이사회의 의장인 버냉키B. S. Bernanke를 비롯하여 미국의 관료들이 2008년 9월의 리먼브라더스 파산 이래 대규모의 유동성을 공급했지만, 이번의 대공황은 전혀 회복될 기미를 보이지 않고 있습니다.

1930년대 미국 공황의 근본 원인은 1920년대 경제 발전의 특수성에서 찾을 수 있습니다.* 첫째는 1920년대에는 새로운 내구소비재 (자동차·라디오·냉장고 등)가 경제성장의 동력이 되었다는 점입니다. 둘째는 자본 절약적 혁신의 도입으로 말미암아 자본/산출량 비율과 산업노동자의 수가 줄어들었으므로 상공업기업의 순투자를 위한 자금은 거의 필요 없어진 상황에서, 비농업 부문의 노동생산성과 산업

---

* Livingston(2010) 참조.

생산량은 크게 증가했다는 점입니다. 셋째는 노동조합의 세력이 상대적으로 약화되어, 국민소득에서 임금 몫이 감소하고 이윤 몫이 증가했다는 점입니다.

이 세 가지 특수성이 대공황을 야기한 핵심 요인이었다고 말할 수 있습니다. 내구소비재 산업을 중심으로 경제가 성장을 지속하기 위해서는 소비자의 소득과 지출이 커져야 하는데, 국민소득 중 오히려 임금 몫이 감소하고 이윤 몫이 증가했기 때문에 내구소비재 산업은 정체하지 않을 수 없었고, 상공업기업은 거대한 유휴자본을 가지게 되었던 것입니다.

상공업기업은 이 거대한 유휴자본을 증권(주식·채권)에 투기하거나 상업은행에 저축했는데, 상업은행은 이 자금을 단기금융시장인 콜call 시장에 대출하여 증권의 투기적 거래를 지원했습니다. 이리하여 투기적인 거품이 증권시장에 발달하게 되었습니다. 투기에 대한 열기는, 1929년에 첫 상장한 기업들이 조달한 자금의 약 70%는 공장 설비나 노동자 고용에 투자되지 않고 증권 투기에 사용되었다는 사실에서도 확인할 수 있습니다. 그런데 상공업기업은 1926년 이래 내구소비재 특히 자동차에 대한 수요가 상대적으로 감소하는 것을 경험하고 있었으며, 소비자 수요가 객관적인 한계에 이미 도달한 것을 금융기업들보다 훨씬 더 잘 알고 있었습니다. 그리하여 상공업기업은 미리 주식을 팔아 버리고 콜시장에 대한 자금을 회수해 버렸고, 이로 인해 단기자금을 구할 수 없게 된 증권 투기업자들이 증권을 투매하기 시작하면서 뉴욕 증권시장이 1929년 10월 붕괴한 것입니다.

은행들이 1930년대 초에 거대한 규모로 파산한 것은, '무식한' 중앙은행이 만들어 낸 '신용경색' 때문이 아니라, 은행들이 가지고 있던 증권들의 가치가 폭락하여 '부실 자산'이 되었기 때문입니다. 대공황은 소비자 신용을 얼어붙게 하여 소비는 더욱 큰 타격을 입었습니다. 경제성장의 새로운 동력이었던 내구소비재 부문은 대공황의 첫 4년 동안 가장 큰 타격을 입었는데, 1932년에는 자동차에 대한 수요와 생산량이 1929년의 50%로 줄었고, 산업 생산량과 국민소득도 마찬가지로 반감했으며, 실업률은 거의 30%에 달했습니다.

1932년 11월 치러진 대통령 선거에서 공화당의 허버트 후버Herbert C. Hoover 현직 대통령을 이기고 당선된 민주당의 프랭클린 루스벨트Franklin D. Roosevelt는, 다음 해 3월 4일부터 죽는 날(1945년 4월 12일)까지 대통령으로서 대공황과 제2차 세계대전을 치렀습니다.* 그는 실업자와 빈민을 구제하고 경제를 정상화시키며 금융·노동·농업을 개혁하는 뉴딜 프로그램을 실시하였습니다. 사회보장법을 제정하여 실업자·저소득층·노인을 보호했고, 노동조합의 권리를 옹호하여 단체협약을 맺게 했으며, 최장 노동시간과 최저임금을 법으로 규정했고, 연방주택공사를 세워 주택 건설을 독려했으며, 증권거래소를 감독하는 증권거래위원회 SEC와 예금자의 예금을 보장하는 연방예금보험공사 FDIC를 세웠고, 각종 공공사업을 실시했습니다. 이리하여 1937년에는 산업 생산과 국민소득이 1929년의 수준을 회복했고,

---

* 프랭클린 루스벨트는 미국 대통령에 네 번이나 당선된 유일한 정치가입니다.

새로운 자동차 판매량은 1929년의 수준을 능가하게 되었습니다. 이런 회복은 소비재에 대한 수요의 증가 덕택이었는데, 이는 연방 정부가 사회보장제도에 따라 실업자·저소득층·노인 들에게 수당을 제공하고, 새로운 공공사업(특히 주택 건설 사업)이 실업자를 고용하며, 노동운동과 새로운 단체협약에 의해 임금수준이 상승함으로써 대중의 소비지출이 증가했기 때문이었습니다.

우리가 대공황기의 뉴딜 정책에서 주목해야 할 것은 정부가 사회보장 정책과 공공사업 정책을 통해 대중의 소득을 증가시켜 소비재에 대한 지출을 증가시킴으로써, 경제를 어느 정도 회복시켰다는 점입니다. 대공황으로부터의 이런 회복 과정은 보통의 경기순환적 회복 과정과는 정반대입니다. 왜냐하면 보통의 경기순환적 회복은 기업가의 자신감 회복과 새로운 투자 기회에 따른 생산재 수요의 증가에 의해 개시되며, 그 결과로 대중의 소득과 소비재에 대한 수요가 나중에 증가하는 것이기 때문입니다.

1930년대의 세계대공황은 너무나 심각하여 미국에서는 유례없는 뉴딜 정책이 실시되었던 한편 독일과 이탈리아와 일본에서는 군국주의적 파시즘이 등장했습니다. 각국 정부는 보호무역 정책, 자국과 식민지·종속국을 하나의 경제블록bloc으로 묶어 자급자족하려는 정책, 그리고 자국 통화의 평가절하 정책(자국 통화의 가치를 낮추어 타국에서 자국 상품을 더욱 많이 구매하게 하는 정책) 등을 채택함으로써, 타국을 희생시켜 자국의 경제 상황을 개선하려고 해 보았습니다. 그러나 결과적으로는 세계무역이 1929년 1월부터 1933년 6월까지 33%나 축소되어 모든 나라들이 손해를 보았을 뿐 아니라, 무역 전쟁과 환율 전쟁이 이어졌고 그다음에는 마침내 제2차 세계대전이 일어났습니다.

미국 전국경제조사국(NBER)의 발표[10]에 따르면, 미국 경제는 1927년 11월~1929년 8월의 경기확장기(21개월), 1929년 8월~1933년 3월의 경기축소기(43개월), 1933년 3월~1937년 5월의 경기확장기(50개월), 1937년 5월~1938년 6월의 경기축소기(13개월), 그리고 1938년 6월~1945년 2월의 경기확장기(80개월)를 거쳤습니다.

그런데 저는 좀 더 넓은 관점에서 1930년에서 1938년까지를 대공황으로 보고 있습니다. 가장 중요한 이유는 연간 평균 실업률[11]을 보았을 때 1926~1929년의 3.4%에 비하면 1930~1933년의 18.3%, 1934~1937년의 18.3%, 그리고 1930~1938년의 18.4%는 거의 차이가 없기 때문입니다. 이 거대한 실업자는 1939년 9월 독일이 폴란드를 침공하면서 제2차 세계대전이 발발하자, 미국의 루스벨트 대통령이 유럽의 '연합국'(영국·프랑스·소련 등)에게 무기를 원조하기 위해 군수산업을 일으키는 바람에 줄어들기 시작했습니다. 이어 1941년 12월 일본이 진주만을 공격하자 미국이 직접 전쟁에 참가하여 남성 1,600만 명과 여성 30만 명을 군대에 동원함으로써 실업률은 1942년 4.7%로 급감했고, 국내총생산이 크게 증가함으로써 대공황은 끝이 났습니다.

이 대공황이 일어난 시기의 경제체제는 1870년대부터 경제학과 경제정책을 지배한 신고전파의 '시장 근본주의적 자유방임 체제'였습니다. 국내 거래와 국제 거래를 시장에 맡겨 두면, 모든 자원이 가장 효율적으로 사용되고 모든 당사자가 이익을 얻는 최적 상태(optimum)에 도달하며, 따라서 세계 평화가 유지된다는 것이었습니다. 그러나 시장 근본주의의 '자유무역적 국제주의'는 1914~1918년에 전개된 제1차 세계대전에 의해 현실적 타당성을 잃었고, 시장 근본주의의 '시장 효율성 원리'는 1930년대의 대공황에 의해 권위를 상실해 버렸습니다.

이리하여 세계대공황과 제2차 세계대전 이후 세계경제와 각국 경제는 미국의 군사적·경제적 패권 아래 상당한 정도의 체제 개편을 단행하게 되었습니다. 세계경제의 차원에서는 1944년 미국 뉴햄프셔New Hampshire 주의 브레튼우즈Bretton Woods에서 각국의 재무부 대표들이 모여 합의한 바에 따라 앞으로 금과 미국 달러를 세계화폐로 사용하기로 하였으며, 타국의 중앙은행은 미국 달러 35달러를 주고 미국 중앙은행으로부터 금 1온스를 받을 수 있게 되었습니다. 미국 달러와 금의 교환은, 미국 중앙은행이 거의 비용이 들지 않는 지폐(달러)를 자기 마음대로 발행하여 이익을 얻는 것을 방지하기 위하여 각국 대표들이 요구한 것이었습니다. 그리고 각국 통화와 미국 달러 사이, 그리고 각국 통화 사이의 환율은 '당사국의 국제수지가 계속 적자를 나타내지 않는 한' 고정된다는 것에 합의함으로써 '변동환율제'가 아니라 '고정환율제'를 채택하였는데, 이는 1930년대에 벌어진 것과 같은 경쟁적인 평가절하에 의한 무역 전쟁을 막기 위한 것이었습니다. 이리하여 국제통화 문제를 다루는 국제통화기금(IMF)과 개도국에 금융적·기술적 원조를 제공하는 국제부흥개발은행(IBRD, 흔히 '세계은행'이라고 부름)이 설립되었는데, 이 두 개의 국제기구에서 미국은 거부권을 행사할 정도의 세력을 가지게 되었습니다.

국내적으로도 큰 변화가 생겼습니다. 시장경제를 토대로 정부가 경제에 적극적으로 개입하는 '혼합경제 체제'가 성립된 것입니다. 특히 유럽에서는 공익사업(전화·철도·수도·우편·전기·가스·통신 등)이나 주요 기간산업(철강·석탄·자동차 등)이 국유화되었고, 정부가 경제정책을 통해 산업·재정·금융·외환·노동 문제에 개입하게 되었습니다. 또한 정부는 사회보장제도를 확장하고 개선하였습니다. 학교와 병원을 모든 사람에게 무료로 개방했고, 실업 급여와 연금 제도가 확립되었으며, 시민들에게 개인소득 금액에 따라 월세가 달라지는 장기 공공임대주택을 제공했고, 저소득층에게 생계비를 보조했습니다. 그리고 실업자를 없애는 완전고용 정책이 정부 경제정책 중 가장 중요한 정책으로 자리 잡았습니다. 정부는 공공 부문에서 대규모의 일자리를 만들어 내었고, 외국으로의 자본 유출로 국내의 일자리가 감소하는 것을 막기 위해 '자본 통제'(capital control)를 강화했습니다.

이처럼 각국 정부가 복지사회의 건설과 완전고용 달성에 몰두하게 된 것은 유권자들이 다음과 같이 강력히 요구했기 때문입니다. "1930년대에는 20~30%의 실업률 아래서 엄청난 고통을 겪었지만, 전쟁 중에는 실업률이 4% 이하로 격감했는데, 왜 평화 시기에는 그렇게 낮은 실업률을 달성할 수 없다는 것인가? 전쟁 중에 낭비한 인적·물적 자원을 이제는 우리의 삶을 개선하는 곳에 사용하면 될 것이 아닌가?" 이런 요구가 '사회적 합의'로 굳어지면서, 모든 정당—

우파 정당이든 좌파 정당이든 — 은 복지사회의 건설과 완전고용의 달성을 선거 공약으로 제시하지 않으면 선거에서 이길 수가 없었던 것입니다.

복지사회와 완전고용은 소득 불평등의 심화를 막고 일자리를 창출하여 국내시장을 확대함으로써, 경제성장률을 높이는 데에도 크게 기여했습니다. 이리하여 높은 성장과 평등한 분배가 동시에 달성되었던 1950~1970년대를 '자본주의의 황금기'라고 부르게 된 것입니다. 1950~1970년대에 미국의 경제성장률은 연평균 4.1%(신자유주의가 지배한 1980~2010년에는 2.7%)였고, 실업률은 연평균 4.7%(1980~2010년에는 6.3%)였습니다. 선진국 대부분도 미국과 같은 상황이었고, 개도국의 대부분은 신생 독립국으로서 외국의 원조를 받으면서 경제개발에 열중하였으며, 소련을 중심으로 하는 이른바 거대한 '사회주의' 진영은 자본주의 진영과 냉전과 열전을 거듭하면서 세계를 지배하려는 투쟁을 중단하지 않았습니다.

3. 1974~1982년의 세계대공황: 신자유주의의 등장

1973년 10월 이스라엘과 아랍 국가들 사이에 중동전쟁이 발발하자, 석유수출국기구(OPEC)는 이스라엘을 지원하는 미국에 대한 석유 수출을 금지함과 동시에 석유 가격을 1배럴당 3달러에서 12달러로 크게 인상했습니다. 또한 1978년 이란에서 친미적인 샤Shah 정권이 무너지고 이슬람교 시아파의 호메이니 정권이 들어서면서 석유 공급의 미래가 불확실해져, 석유 가격이 두 배나 상승했습니다. 이런 석유 가격의 폭등은 1974~1982년의 세계대공황을 폭발시키는 방 아쇠 역할을 했습니다만, 대공황의 원인이라고 말하기는 어렵습니다. 중요한 공황의 원인을 몇 가지 지적하면 다음과 같습니다.

첫째는 국제통화제도가 미국 달러의 과잉공급으로 큰 혼란에 빠졌다는 점입니다. 미국이 베트남전쟁을 수행하는 과정(1961~1975)에서 너무나 많은 달러를 해외에 지출함으로써, 미국 달러의 가치는 폭락하여 금 1온스의 가치가 800달러까지 급등하게 되었습니다. 이리하여 일부 국가들은, 예컨대 미국 중앙은행에 35억 달러를 보내어 금 1억 온스를 받은 뒤* 이 금 1억 온스를 금시장에서 팔아 800억 달러를 얻음으로써 765억 달러(=800억 달러-35억 달러)를 남기는 식으로 이득을 보았으며, 그러면서 미국 정부의 금 보유액은 거의 없어졌습니다. 이리하여 1971년 8월 15일 닉슨 대통령은 더 이상 미국 달러를 금과 교환해 주지 않겠다고 일방적으로 선언했으며,** 1973년부터는 이제까지의 고정환율제도가 폐기되고 환율이 시시각각 움직이는 변동환율제도가 도입되었습니다. 전후戰後의 IMF 체제가 사실상 붕괴하는 과정이었던 이런 혼란 속에서는 대외 거래―수입·수출·외환 거래·자본 거래―가 정상적으로 이루어질 수 없었고, 외환과 금에 대한 투기만이 극성을 부렸으므로, 각국 경제와 세계경제가 축소되지 않을 수 없었던 것입니다.

둘째로, 베트남전쟁으로 말미암아 미국 정부와 미국의 자본주의 체제는 거대한 비판 세력에 둘러싸여 운신할 여지가 거의 없었습니다. 사회보장제도와 완전고용 정책 및 장기에 걸친 호황으로 말미암아 노동운동과 시민운동의 세력이 커지고 있는 가운데, 작고 가난한 나라인 북베트남에 대한 미국 정부의 무자비한 폭격과, 남베트남에서 활약하고 있는 베트콩Vietcong(남베트남 민족해방전선)과 농촌 주민에 대한 미국군과 참전군(한국군과 호주군 등)의 피비린내 나는 살육은 미국과 세계의 모든 양심 세력으로부터 혹독한 비판을 받았습니다. 이런

---

* 이는 외국의 중앙은행이 35달러를 제시하면 미국 중앙은행은 금 1온스를 지급해야 한다는 IMF 규정에 의거한 것입니다.
** IMF는 주요한 결정에는 지분의 85%가 동의해야 한다고 규정하고 있는데, 지분의 15% 이상을 갖고 있는 미국 정부는 모든 결정에서 거부권을 행사할 수 있으므로 IMF는 실제로 미국 정부의 것이나 마찬가지입니다.

사회적 환경에서 컨베이어 벨트에 의한 포드주의적 생산방법은 단순하고 재미없는 작업 하나에 하루 종일 매달려 있는 노동자들의 무단결근 때문에 노동생산성을 올릴 수가 없었고, 기업은 제품의 안전성과 공해 방지를 강조하는 시민운동 때문에 수익성을 올릴 수 없었으며, 시장은 혁신(새로운 상품·기술·원료·노동과정·기업형태 등)이 나타나지 않아 포화 상태에 빠지게 되었던 것입니다.

셋째로, 투기가 극성을 부리게 되었습니다. 미국에서는 1969년 12월부터 경기후퇴가 시작되어 1970년 11월까지 계속되었고 1972년은 미국의 대통령 선거가 있는 해였으므로, 재선을 바라는 닉슨 대통령은 경기확장 정책을 채택하지 않을 수 없었습니다. 재정·금융 확장 정책을 실시하면 당연히 확대될 미국의 무역 적자를 줄이기 위해 미국 정부는 서독과 일본에게 마르크화와 엔화의 평가절상을 요구했는데, 서독과 일본 정부는 평가절상을 거부하면서 자기들이 보유한 거대한 달러*를 빨리 지출하려고 했습니다. 특히 일본 정부는 대내적으로는 공공사업의 조기 집행, 금리의 계속적인 인하, 환경 개선을 위한 투자 증대 등을 실시했으며, 대외적으로는 일본 기업들에게 해외투자를 적극 장려하고 해외 농산물과 광산물 등 원자재의 비축을 종용했습니다. 이리하여 전 세계적으로 원자재 가격이 폭등했고, 이런 원자재를 원료나 보조자재로 사용하는 독과점 기업들은 이

---

* 두 나라는 대규모의 무역 흑자에 의해, 그리고 마르크와 엔의 가치 상승을 예상해 마르크화와 엔화의 유가증권을 매입한 핫머니(투기성 자금)에 의해, 거대한 달러를 보유하고 있었습니다.

가격 폭등을 제품 가격에 전가시켰으므로, 세계적인 인플레이션이 발생하게 되었습니다. 그런데 생산 분야에서는 혁신의 부진과 노동조합의 세력 증대로 수익성이 낮아져 있는 상황에서 재정·금융 확장 정책이 실시되었기 때문에, 풀려나온 자금은 유통 분야에서 투기적 이익을 추구하게 된 것입니다. 이 투기적 활황으로 1972년 7월~1973년 3월에 일본에서 목재 가격은 2.24배 상승했고, 콩은 4.76배, 모사는 2.08배, 생사는 1.94배, 면사는 1.9배 상승했으며, 도쿄 증권 시장의 주가지수는 1971년 1월~1973년 1월에 2.85배(148.05에서 422.48로) 폭등했고, 토지 가격도 1970년 3월~1973년 3월에 64%나 상승했습니다.

이런 전반적인 투기 활황 속에서, 1973년 10월 이스라엘과 아랍 국가들 사이에 중동전쟁이 터지자 OPEC(석유수출국기구)이 12월까지 석유 가격을 4배나 인상한 것입니다. 세계 최대의 석유 생산국인 사우디아라비아와 긴밀한 관계를 맺고 있던 미국 정부가 OPEC의 석유 가격 인상을 저지하지 못한 것은 얼핏 납득하기가 좀 어렵습니다. 그러나 재선된 닉슨 대통령이 1972년 선거운동 당시 민주당 후보 선거 사무실이 있던 워터게이트 빌딩에 도청 장치를 설치하려고 했다는 죄목으로 의회의 탄핵에 직면하여 1974년 8월 사임했다는 사정을 감안하면, 석유 가격 인상 시기에 미국 정부는 탄핵 문제에 매달려 정신이 없었다고 보아야 할 것입니다.

석유 가격의 대폭 상승은 인플레이션을 더욱 심화시켰으며, 이리하여 이른바 생산 활동의 침체와 물가 상승이 동시에 계속되는 스태그플레이션stagflation이 나타난 것입니다.

넷째로, 유가 인상은 석유를 에너지나 원료로 사용하는 산업들(석유화학공업·자동차공업·금속제련공업 등)의 수익성을 악화시켜 이 산업들의 성장을 저해하거나 파산 위기로 내몰았습니다. 따라서 각국 정부는 산업 정책을 통해 국민경제를 석유 절약형 산업구조로 재편해야 할 필요성이 있었는데, 일본을 제외한 대부분의 선진국 정부는 산업구조 재편을 시장의 결정에 맡기고 있었기 때문에 장기간의 혼란을 면할 수가 없었습니다.

위에서 말한 국내적·국제적 상황은 공황을 야기할 토대를 구성하고 있었는데, 각국 정부가 1974년 봄부터 인플레이션을 억제하여 국제경쟁력을 향상시키기 위해 긴축 정책을 실시하기 시작하자, 원자재·토지·건물·주식 등에 대한 투기가 몰락하면서 공황이 폭발한 것입니다. 석유 가격의 폭등에 의해 생산 활동이 축소되었을 뿐만 아니라 금융긴축에 의해 자금 조달의 길이 막혔기 때문에, 대부분의 투기가 몰락하지 않을 수 없었습니다. 상업·부동산업·건설업·석유화학공업·자동차공업 등이 타격을 받으면서 은행들도 다수 파산하게 되었습니다. 이것이 1974~1982년의 대공황입니다.

유가 인상이 1974~1982년 공황의 근본 원인이라고 주장하는 사람들은, 유가 인상으로 말미암아 선진국의 구매력이 석유 생산국으로 옮겨감으로써 선진국에서 유효수요(소비수요와 투자수요)가 부족해져서 생산이 격감하고 실업이 격증했다고 말합니다. 그러나 이 주장은 현실을 제대로 설명하지 못합니다. 석유 생산국은 석유 달러를 자기 나라의 금고에 쌓아 둔 것이 아니라, 경제개발을 위해 대규모 토목공사를 했고(이를 통해 현대건설 등 한국의 건설회사가 중동에서 큰돈을 벌 수 있었음) 생산재·소비재·사치재를 수입했으며 나머지 달러를 선진국의 은행들에 예금했습니다. 선진국의 은행들은 이 석유 달러 예금을 어딘가에 대출해 주어야 했기에, 특히 신흥공업국(브라질·멕시코·아르헨티나·한국 등)에게 뇌물을 주면서까지 대규모로 차관을 제공했습니다.* 다시 말해 석유 생산국의 석유 달러는 해외에서 상품과 서비스(대표적으로 건설)를 수입하거나 선진국 은행에 예금하는 일을 통해 세계로 지출되었기 때문에, 선진국의 유효수요를 축소시키지 않았던 것입니다.

1950~1970년의 황금기가 끝나고, 상공업기업들과 금융기업들의 파산, 실업자의 급증, 노동조합과 시민운동의 약화, 세계의 패권국인 미국의 상대적 헤게모니 상실 등으로 말미암아 장래에 대한 불확실성이 전 세계의 경제·정치·사회를 지배하던 시기에 극우 보수 세력이 주요국에서 정권을 장악하게 되었습니다. 영국에서는 마거릿 대처가 총리로 재임한 1979~1990년 이후로도 1997년에 이르기까지 18년간 보수당이 집권하였고, 미국에서는 공화당의 로널드 레이건이 1980년 11월 대통령에 당선되어 1989년 1월까지 집권하였습니다.

대처와 레이건이 제창한 '신자유주의'(neoliberalism) 또는 신보수주의는, 1974년부터 시작된 공황─물가 상승과 경제 침체가 동시에

---

* 1980년부터 터지기 시작한 '개도국의 외채 위기'는 선진국 은행들의 이와 같은 '공격적인' 차관 제공에 큰 원인이 있었습니다. 한국에서도 그 당시 '외채망국론'이 정부 비판의 큰 주제였습니다.

나타나는 스태그플레이션 형태의 공황—을 극복하기 위한 새로운 사상·정책 체계라고 보아야 할 것입니다. 신자유주의는 자본주의에서는 자본가계급이 지배해야만 질서가 잡히고 발전할 수 있다고 믿습니다. 이리하여 노동자계급의 세력을 약화시키려고 시도했습니다. 레이건은 취임하자마자 항공관제사들의 파업을 '파면'으로 해결했고, 대처는 노동법을 개악하여 노동조합의 파업권을 제한하면서 '불법' 파업인 경우 노동조합에게 피해를 보상하게 했습니다. 또한 경기침체가 계속되는데도 불구하고 물가 상승을 억제하기 위해 재정·금융 긴축 정책을 채택함으로써 실업을 더욱 대규모로 창출했습니다.

1979년 8월 미국 연방준비제도(중앙은행)의 의장이 된 폴 볼커Paul A. Volcker(1979년 8월~1987년 8월 재임)는 실업자를 줄이기보다는 물가 상승을 잡아야 한다는 일념으로, 그리고 노동자계급의 세력을 약화시켜야 한다는 일념으로, 연방기금 금리*를 1979년 8월 1일의 10.94%에서 1980년 4월 1일에는 17.61%, 그리고 1981년에는 19.10%로까지 인상하였습니다.(다음 장의 〈그림 5-1〉 참조) 이것은 영국에서도 마찬가지였습니다. 1979년 5월 수상이 된 대처는 뱅크오브잉글랜드(영국의 중앙은행)의 재할인율을 1979년 4월 5일의 12%에서 1979년 11월 15일에는 17%로 인상했고 1981년 11월 6일까지는 15% 선으로 유지했습니다. 이리하여 미국의 경우 1974~1982년의

---

* 중앙은행에 초과 지급준비금을 가진 상업은행들 사이의 하룻밤짜리 대출 금리인데, 이것이 시중의 금융기업 간 대출 금리의 기준이 됩니다.

경제성장률은 연평균 2.0%인 가운데 9개 연도 중 4개 연도―1974년 (-0.6%), 1975년(-0.2%), 1980년(-0.3%), 1982년(-1.9%)―가 마이너스 성장률을 나타내었습니다.* 1974~1982년의 연평균 실업률은 7.2%였는데, 1974년의 5.6%(516만 명)에서 1982년에는 9.7%(1,068만 명)로 상승했습니다.** 1974~1982년의 물가 상승률(소비자물가 상승률)은 연평균 9.0%로 번영기의 물가 상승률보다 훨씬 높았는데, 1980년에 최고 수준인 13.5%에 달했다가 1983년에는 3.2%로 하락하여 그 이후 대체로 이 수준을 유지했습니다.*** 더욱이 신자유주의는 "부자는 더욱 부자가 되어야 더욱 열심히 일하고 가난한 사람은 더욱 가난해져야 더욱 열심히 일한다"는 구호를 외치면서, 부자의 세금을 삭감하고 복지사회를 해체하기 시작했습니다. 무상교육과 무상의료를 축소하고, 실업 급여와 노인 연금의 혜택을 줄이며, 저소득층에 대한 보조를 감축하고, 장기 공공임대주택을 개인들에게 매각했습니다. 또한 자본가들에게 수익성 있는 공기업을 매각하고, 경제 전반에 걸쳐 자본가들의 자유로운 이윤 추구를 방해하는 모든 규제를 없앴습니다.

* 1930~1938년의 경제성장률은 연평균 0.6%였지만, 마이너스 성장률을 나타낸 연도는 1930년(-8.6%), 1931년(-6.5%), 1932년(-13.1%), 1933년(-1.3%), 1938년(-3.4%)으로서 9개 연도 중 5년이었습니다.
** 1930~1938년의 연평균 실업률은 18.4%였고, 1933년의 실업률은 24.9%에 달하였습니다.
*** 1930~1938년의 물가 상승률은 연평균 -2.2%였지만, 마이너스 물가 상승률을 보인 연도는 1930년(-2.3%), 1931년(-9.0%), 1932년(-9.9%), 1933년(-5.1%), 1938년(-2.1%)으로 9개 연도 중 5개 연도였습니다. 따라서 1974~1982년의 공황은 경제 침체에 인플레이션이 동반된 스태그플레이션이라고 부르는 것입니다.

이리하여 국내총소득에서 차지하는 임금 몫이 점점 더 축소되고 이윤 몫은 점점 더 증대하면서, 대중의 소비 능력이 축소되어 소비재 산업과 생산재 산업은 침체를 면하지 못하게 되었습니다. 위와 같은 신자유주의적 정책—특히 인플레이션을 억제하기 위한 재정·금융 긴축 정책, 사회보장제도의 해체—에 의해 상공업보다는 금융업이 더욱 큰 이윤을 얻게 되었으므로, 경제의 중심이 점점 더 금융 활동(자금의 조달과 대출, 증권의 발행과 매매, 기업의 인수와 합병 등)으로 옮겨 가면서 증권시장이 큰 활황을 이루게 되었습니다. 이 뒤의 전개 과정은 제5장 '2007년 8월의 금융위기'에서 설명하겠습니다.

5장

—

2007년 8월의 금융위기

미국의 금융위기는 비우량 모기지 대출과 이것에 근거를 둔 비우량 모기지 담보 증권의 몰락으로 2007년 8월부터 시작되었습니다. 정부와 중앙은행은 이 금융위기가 단순히 유동성 부족 때문이라고 파악하여 유동성 공급에만 열중하다가, 2008년 3월에는 미국의 제5대 투자은행인 베어스턴스가 JP모건체이스에 의해 인수되고 9월에는 제4대 투자은행 리먼브라더스가 파산하면서, 금융위기가 금융공황으로, 나아가 세계대공황으로 발전하게 되었습니다. 세계적인 금융대공황과 그에 뒤따른 세계적인 상공업대공황은 본원적으로 금융제도와 자본축적 방식, 계급들과 국가들 사이의 세력 관계에 의해 발생하는 것입니다. 따라서 '새로운' 금융제도·자본축적 방식·국내외 세력 관계가 형성될 때까지 지금의 세계대공황은 계속될 것으로 보입니다.

1. 1980년 이후 신자유주의의 경제적 귀결

　1970년대 말에 이르러 복지국가적 자본주의는 정부의 지출 과잉으로 인한 인플레이션, 노동조합의 전투적인 임금 인상 요구, 자본가계급의 조세 반발, 달러 가치의 불안정, 국제 경쟁의 격화, 실업자의 증가 등에 직면하여 동요하고 있었는데, 이런 상황에서 "정부 개입을 줄이고 모든 결정을 시장에 맡기자"는 신자유주의가 득세하게 되었습니다. 1979년 미국 중앙은행의 의장이 된 폴 볼커는 이자율의 상승을 허용하면서 통화량을 증가시켰지만, 1970년대와는 달리 신기하게도 인플레이션이 일어나지 않았습니다. 높은 이자율 때문에, 통화량이 실물경제에 들어가서 인플레이션을 야기하지 않고 금융 분야에 머물면서 금융자산(예금·주식·국채·회사채 등)의 가격을 인상하고 금융거래를 촉진한 것입니다. 또한 높은 이자율은 거액의 해외 자본을 유인함으로써, 한편으로는 달러 가치를 높여 경기후퇴를 강화하고 다른 한편으로는 금융시장의 성장을 촉진했습니다.

　레이건 공화당 정부(1981년 1월~1989년 1월)는 경기후퇴가 대량의 실업을 낳는데도 불구하고 사회복지 프로그램을 해체하고 노동조합에 대한 공격을 개시했으며, 기본적인 시민권과 정치적 권리와 자유—

모두 투쟁에 의해 획득한, 당연한 것이라고 오랫동안 생각되고 있던 것들—를 크게 제약했습니다. 이에 따라 인민대중은 소득에 치명적인 영향을 받았으므로, 신용(빚)에 의존하여 소득 감소를 보상할 수밖에 없었습니다. 그런데 클린턴 민주당 정부(1989년 1월~1997년 1월)가 사회복지 프로그램의 축소를 그대로 두면서 최고이자율제도를 철폐함으로써, 은행들은 저소득층에게 비싼 대출을 증가시킬 인센티브를 가지게 되었습니다. 이것이 하나의 이유가 되어 '수탈적인' 비우량 주택 담보대출(비우량 모기지 대출)이 크게 증가한 것입니다.

1980년 이후 미국과 영국의 신자유주의 정부가 실업보다는 인플레이션을 '공공의 적 제1호'(public enemy No.1)로 삼아 금리 인상 등 금융 긴축 정책을 실시함으로써, 상공업의 기반이 약화하고 실업자가 크게 발생하였으며, 노동계급의 세력이 약화되었습니다. 또한 부유층에 대한 감세가 근로와 저축에 대한 인센티브를 강화하여 경제성장을 촉진할 수 있다는 주장—이 주장은 현실 속에서 증명되지 못했습니다—에 의거해 부자들의 세금을 감축함으로써 정부의 재정 적자가 발생하자, 정부는 사회복지제도를 축소하였으며, 이리하여 학교, 병원, 실업 급여, 연금, 노인·저소득층 보조 등의 부문이 큰 타격을 입었습니다.

실업 증대, 임금수준 인하, 산업 기반 축소, 복지제도 축소는 선진국의 국내시장을 축소시켰으므로 선진국들은 IMF·IBRD·OECD·WTO 등 국제기구를 통해 세계 각국에게 시장의 개방화와 자유화를 요구했습니다. 이로써 선진국 자본은 세계 각국에 생산 거점을 마련

하고 세계시장을 대상으로 상품 거래와 금융거래를 하게 되어, '자본의 세계화'가 큰 진전을 보았습니다. 특히 중국이 1980년부터 개혁·개방 정책을 채택하면서 외국자본을 대규모로 유치하였으므로, 값싼 노동 인력을 이용하는 생산업체들이 중국에 모여들어 중국을 '세계의 공장'으로 성장시켰습니다. 또한 정보통신 산업에서 새로운 혁신이 일어나 컴퓨터와 인터넷 분야가 크게 성장하였고, 모든 분야에서 컴퓨터화와 자동화가 진전되어 노동생산성이 크게 향상하였으며 교통과 통신도 매우 편리해졌으므로, 자본의 세계화는 더욱 진전하게 되었습니다.

그러나 개도국(중국 등)에서 값싼 노동 인력이 대규모로 등장함으로써, 선진국의 자본 중 일부는 개도국으로 가서 생산 활동과 상업 활동에 종사하고, 대부분의 자본은 금융 활동(가계·상공업기업·금융기업에 대한 대출, 주식·국채·회사채 등 유가증권의 매매, 보험업과 부동산업, 석유·금·원자재 등 제1차 산품에 대한 투기)에서 더욱 큰 수익을 낳으려 하게 되었습니다. 그리하여 금융 활동에서 얻는 법인 이윤이 국내의 법인 이윤 전체에서 차지하는 비율은 미국의 경우 1980년의 10% 이하에서부터 계속 증가해 2002년과 2003년에는 40.2%와 40.1%를 차지함으로써 최고 수준에 이르렀습니다. 이는 그 뒤 계속 감소하여 2007년에는 27.9%를 차지했으며 2008년에는 15.0%로 가장 낮은 수준에 달하였고, 2009년에는 다시 증가하기 시작해 26.8%에, 그리고 2010년에는 29.6%에 이르렀습니다.[12]

더욱이 금융기업들이 상공업기업의 대주주가 됨에 따라, 상공업

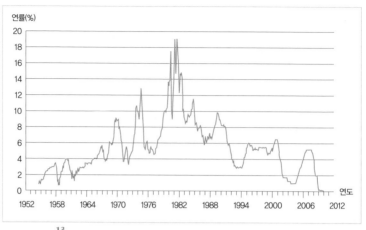

연률(%)

출처: Wikipedia[13]

〈그림 5-1〉 미국 연방기금 금리 추이

기업은 장기적인 투자(연구·개발 투자 등)보다는 단기적으로 비용을 절감하여 주식가격을 올리는 작업(종업원 축소, 임금 삭감, 정규직의 비정규직화 등)에 몰두함으로써 점점 더 쇠퇴하게 되었습니다.

물론 정보통신(IT) 산업에서는 큰 혁신을 이룩하여, 세계의 쉬고 있던 자본(유휴자본)을 컴퓨터·인터넷 관련 분야의 주식(즉 IT 주식) 투자에 흡수하고 이에 따른 IT 산업 확장, IT 주가의 대폭 상승과 IT 주식 소유자의 소비 증가로 큰 번영을 누리게 되었으므로, 미국은 "이제 불황이 없는 '새로운 경제'를 창조했다"고 자화자찬했습니다. 그러나 1995~2000년에는 IT 산업에 대한 투자가 너무 컸던 나머지 과잉생산이 발생하였고, 이리하여 2001년에 IT 주식이 폭락하는 위기가 찾아왔습니다. IT 주식의 폭락으로 IT 산업, IT 주식을 보유한 가계, IT 산업에 대출했거나 IT 주식에 투기한 금융기업 들이 파산하는 사태를 완화하기 위해, 미국의 중앙은행(연방준비제도)은 2001년 한 해 동안 연방기금 금리를 11차례에 걸쳐 연간 6.5%에서 1.75%로 인하했습니다.(〈그림 5-1〉 참조) 그 뒤 2002년 12월에 다시 1.25%로, 2003년 5월에는 또다시 1%로 인하했습니다. 그러나 경제는 좀처럼 회복의 기미를 보이지 않았습니다. 2000년의 경제성장률은 4.1%(1996~2000년의 평균 성장률은 4.3%)였는데, 2001년에는 이것이 1.1%로 대폭 감소했습니다. 그 뒤 이 값싼 자금이 건설업(주택과 상업용 건물 짓기)과 부동산업 및 금융·보험업에 투자됨으로써 2002~2007년에는 경제성장률이 연평균 2.6%로 조금 회복되었지만, 2008년 9월의 대공황으로 경제성장률은 2008년에는 0.0%, 2009년에는 -2.6%로 격감한 것입니다.

1980년대 이래 아직도 계속되고 있는 신자유주의의 경세정책은 기본적으로 임금 상승을 통해 국내의 소비 수요를 증대시켜 경제를 성장하게 하는 것이 아니라, 유가증권이나 부동산의 가격 상승에 따른 소비자의 자산 증가 효과에 의거하여 국내의 소비 수요를 증대시켜 경제를 성장시키는 것입니다. 그러므로 완전고용에는 전혀 관심이 없으며, 인플레이션의 억제에 매진하고, 또한 임금 상승의 억제로 이윤을 증가시킴으로써 주식가격을 올리는 것에 관심을 둡니다. 이리하여 〈표 5-1〉에서 보는 바와 같이 시간당 임금 증가율은 노동생산성 증가율에 비해 크게 뒤떨어지게 되었습니다. 특히 2000~2006년

〈표 5-1〉 노동생산성과 시간당 임금의 연 평균 증가율
(2007년 달러 가치 기준)

기간	노동생산성 증가율(A)	시간당 임금 증가율(B)	(A)-(B)
1967~1973	2.5%	2.9%	-0.4
1973~1979	1.2	-0.1	1.3
1979~1989	1.4	0.4	1.0
1989~2000	1.9	0.9	1.0
2000~2006	2.6	-0.1	2.7

출처: Palley(2009)

〈표 5-2〉 가계소득의 분포

연도	최하위 40%	차하위 40%	차상위 15%	최상위 5%
1947	16.9%	40.1%	25.5%	17.5%
1973	17.4	41.5	25.6	15.5
1979	17.0	41.6	26.1	15.3
1989	15.2	40.2	26.7	17.9
2000	14.1	38.1	26.6	21.1
2006	13.5	38.0	27.0	21.5

출처: Palley(2009)

연도	GDP (10억 달러)	가계 채무(H) (10억 달러)	H/GDP	비금융기업 채무(C) (10억 달러)	C/GDP
1960	526.4	215.6	0.41	201.0	0.38
1969	984.6	442.7	0.45	462.0	0.47
1973	1,382.7	624.9	0.45	729.5	0.53
1981	3,128.4	1,507.2	0.48	1,662.0	0.53
1990	5,803.1	3,597.8	0.62	3,753.4	0.65
2001	10,128.0	7,682.9	0.76	6,954.0	0.69
2007	13,807.5	13,765.1	1.00	10,593.7	0.77

출처: Palley(2009)

의 경우 시간낭 임금 상승률은 연평균 −0.1%였는데 노동생산성 상
승률은 연평균 2.6%이므로, 소득분배 면에서는 임금 몫에서 연평균
2.7%만큼이 이윤 몫으로 이전되었다고 말할 수 있습니다. 이런 소득
이전에다가 증권시장의 투기 이득 증가가 더해져, 소득분배의 불평
등이 크게 증가했습니다.

〈표 5-2〉에서 보는 바와 같이 최하위 40%의 가계소득 점유율은
1973년의 17.4%에서 2006년에는 13.5%로 격감했고, 최상위 5%의
가계소득 점유율은 15.5%에서 21.5%로 격증했습니다. 또한 상위
20%의 가계소득 점유율은 41.1%에서 48.5%로 증가하고 하위 80%

의 점유율은 58.9%에서 51.5%로 감소했습니다.

이처럼 실업자의 증가, 임금수준의 저하, 사회보장제도의 축소 등으로 일반 대중의 구매력은 저하하여, 일부는 금융기업에서 차입을 늘려 소비지출을 충당할 수밖에 없었습니다. 그런데 주식시장과 주택시장의 거품이 커질수록 가계와 비금융기업이 차입을 통해 금융시장에 뛰어들고, 저소득층은 생계 유지를 위해 차입을 증가시켰으므로, 가계와 비금융기업의 채무는 〈표 5-3〉에서 보는 바와 같이 거대하게 증가했습니다. 2001년에는 가계와 비금융기업의 채무 합계는 14조 6,369억 달러로 GDP의 1.45배였는데, 2007년에는 24조 3,588억 달러로 GDP의 1.77배입니다. 채무를 갚지 못하는 상황이 벌어지면 가계와 기업은 망할 수밖에 없습니다.

2. 주택 담보대출의 증권화와
   비우량 모기지 담보 증권

2001년 IT 주식의 가격 폭락에 따른 금융위기를 완화하기 위해 미국의 중앙은행이 제공한 값싸고 풍부한 자금은, 부동산시장에 흘러들어가기 시작했습니다. 10~20년 만기의 주택 담보대출(모기지mort-gage)을 제공하는 모기지 대출회사들이 주택 소유자에게 제2의 모기지(주택 담보대출을 이미 받았으나 주택 가격이 이 대출 금액을 능가하는 경우, 이 차액만큼 다시 모기지를 받는 것)를 제공하거나 주택 구매자에게 새로운 모기지를 제공함으로써, 주택시장에 자금이 풍부해졌고 주택 가격이 급격히 상승하게 되었습니다. 〈그림 5-2〉는 미국 주요 10개 도시와 20개도시의 주택 가격지수의 추이를 보인 것이고, 〈그림 5-3〉은 10개 도시와 20개 도시의 주택 가격 상승률을 나타낸 것입니다.

그런데 여기에서 주목해야 할 사항은 2001년 1/4분기~2006년 1/4분기에 주택 가격의 상승률이 소비자물가의 상승률보다 4배 정도 높았다는 점이고, 이로 말미암아 주택 투기는 극성을 부릴 수밖에 없었다는 점입니다.(〈표 5-4〉 참조)

모기지 대출회사가 자기의 자본으로 주택 구매자에게 모기지를 대출한 뒤 그 모기지를 10~20년 동안 자기가 관리하고 있다면, 모

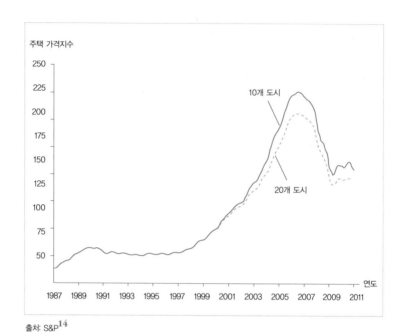

출처: S&P[14]

〈그림 5-2〉 미국 주택 가격지수* 추이

기지 대출회사는 제한된 일정 금액 이상으로 주택 구매자에게 모기지 대출을 제공할 수 없을 것이며, 10~20년 동안 채무불이행 위험 (모기지 대출의 차입자가 모기지 대출의 원리금을 갚지 못할 가능성)과 유동성 위험 (모기지 대출회사가 자금이 부족해질 가능성)에 쉽게 부닥칠 것입니다. 그러나

---

* S&P의 '케이스-실러 인덱스' Case-Shiller Index로서 계절 조정을 하지 않은 수치입니다. 두 지수 모두 2000년 1월이 100.0입니다.

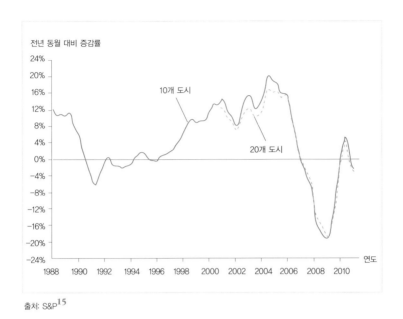

전년 동월 대비 증감률

출처: S&P[15]

〈그림 5-3〉 미국 주택 가격 변동 추이

1980년대에 금융 기법이 많이 개발되어 모기지 대출회사는 모기지 대출에 대한 담보로 받은 '모기지 대출 계약서'(주택 저당 문서와 원리금 상환 계약서)를 국책 모기지 대출 인수 전문회사인 패니메이Fannie Mae(연방저당공사의 별칭)와 프레디맥Freddie Mac(연방주택담보대출공사의 별칭)에게 팔아서 새로운 자금을 얻을 수 있었으므로,** 끊임없이 새로운

** 두 기관 이외에, 정부가 직접 공무원에게 모기지 대출을 제공하는 모기지 대출회사 지니메이Ginnie Mae(전미저당금융금고의 별칭)도 있습니다.

〈표 5-4〉 소비자물가 상승률과 주택 가격(전국) 상승률(%)

	1987년 1/4분기~ 1990년 1/4분기	1990년 1/4분기~ 1995년 1/4분기	1995년 1/4분기~ 2001년 1/4분기	2001년 1/4분기~ 2006년 1/4분기
연평균 주택 가격 상승률	6.7	0.6	5.7	10.9
연평균 소비자물가 상승률	4.5	3.5	2.5	2.5
주택 가격의 초과 상승률	2.2	-2.9	3.2	8.4

출처: Palley(2009)

모기지 대출을 주택 구매자에게 제공할 수 있게 된 것입니다. 이 경우 패니메이와 프레디맥이 구매하는 모기지 대출 계약서는 '표준화된 모기지 대출 자격 기준' ─ 예컨대 모기지 대출 금액의 20%를 계약금으로 예치해야 하고, 주택 구매 희망자는 모기지 대출 상환액이 연간 소득의 30%를 초과해서는 안 되며, 모기지 대출 차입자의 신용점수(FICO 점수)*는 600점 이상이어야 한다는 등 ─ 을 충족시켜야 했기 때문에, 패니메이와 프레디맥은 모기지 대출의 장기적인 원리금회수에 큰 어려움을 느끼지 않았습니다.

패니메이와 프레디맥도 모기지 대출회사로부터 모기지 대출 계약

---

* FICO 점수는 미국의 회사 페어아이작(Fair Isaac Corporation)이 취업 여부·소득·신용 경력 등을 고려하여 미국 인구 전체에게 부여한 신용 점수인데, 600점 미만이면 '비우량' 범주에 속하게 됩니다.

모기지   모기지   MBS 판매
대출 계약서   대출 계약서

(A)   (B)   (C)   (D)

모기지 대출(K)   K에서 수수료를   MBS 시장가격
                     뺀 금액

(A) 주택 구매자
(B) 모기지 대출회사
(C) 모기지 대출 인수회사
    (또는 MBS 발행회사)
(D) 세계의 투자자

〈그림 5-4〉 모기지 대출과 모기지 담보 증권의 탄생 과정

서를 구매하면서 지급한 금액을 자기 스스로 보충하는 방법을 가지고 있었습니다. 패니메이와 프레디맥은 일정한 기간에 구매한 모기지 대출 계약서를 신용 등급별로 구분하여, 가장 낮은 신용 등급(원리금 상환 가능성이 가장 낮아서, 가상 높은 이자율로 모기지 대출을 차입한 사람들)을 1층에 두고, 가장 높은 신용 등급(원리금 상환 가능성이 가장 높아서, 가장 낮은 금리로 모기지 대출을 차입한 사람들)을 맨 위층에 두는 아파트를 머릿속에 설계하게 됩니다. 패니메이와 프레디맥은 이렇게 설계한 아파트의 각 층에 대해 국제신용평가기관(S&P, 무디스, 피치 등)으로부터 AAA · AA · A · BBB · BBB⁻ 등의 등급을 받아 각 등급의 '모기지 담보 증권', 즉 MBS(mortgage-backed securities)를 만들었고, 이 MBS를 세계 각국의 투자자(은행 · 펀드 · 연금기관 · 보험회사 · 상공업기업 등)에게 팔아 자금을 회수한 것입니다. 〈그림 5-4〉가 모기지 대출의 증권화를 설

명하고 있습니다.

국제신용평가회사가 매긴 MBS의 신용 등급은 상당한 공신력을 얻어서, 대부분의 상공업기업과 금융기업은 BBB 이상의 증권에만 투자할 수 있다는 내부 규정을 가지고 있었습니다. *

그런데 MBS는 회사채나 국채와는 매우 다른 것입니다. MBS는 분명한 고정 기간을 가진 하나의 거대한 대출이 아니라, 수천 개의 개별 모기지 대출의 집합(pool)으로부터 나오는 원리금 상환액에 대한 청구서입니다. 패니메이와 프레디맥이 발행한 MBS는 모기지 대출 계약서의 아파트 층별로 들어오는 원리금 상환액을 모아서 함께 나누어 가지게 되는데, 가장 높은 층인 5층(AAA등급)의 MBS가 가장 먼저 수익을 챙기고, 가장 낮은 층인 1층(BBB⁻등급)의 MBS가 가장 나중에 수익을 분배받게 됩니다. MBS는 신용 등급(즉 아파트 층)이 높을수록 수익을 얻을 가능성이 더욱 확실하기 때문에, AAA등급 MBS의 수익률(이자율)은 BBB⁻등급의 MBS보다 훨씬 낮습니다. 다시 말해 위험이 클수록 수익률이 높아지는 것입니다. 이것은 모기지 대출회사가 주택 구매자에게 모기지 대출을 제공할 때 신용 상태가 좋지 않으면 더 높은 이자율을 요구하는 것과 같은 이치입니다. 그런데

---

* 금융공황이 터지자 국제신용평가회사의 공신력이 도마에 올랐습니다. 이들 회사는 패니메이와 프레디맥 등 등급 매기기를 요구하는 회사들로부터 수수료를 받아 등급을 매기기 때문에 객관적인 진실을 보증하지 못한다는 비판을 받았습니다.

** 하지만 나중에 드러난 바와 같이, BBB⁻등급의 차입자가 수적으로 증가하고 이들이 원리금을 상환하지 못하게 되자, AAA등급의 MBS도 수익률이 매우 낮아질 수밖에 없어 가격이 폭락하게 되었던 것입니다.

MBS는 신용 등급이 서로 다른 수천 개 모기지 대출들의 원리금 상환액을 모아서 함께 나누어 가지기 때문에, 채무불이행 위험과 유동성 부족 위험이 분산되어 BBB⁻등급의 MBS도 어느 정도의 수익을 얻을 수 있다는 믿음이 생겼습니다.** 한데 수천 개의 모기지 대출로 구성되어 있는 기초 집합(아파트)의 신용 등급별 MBS 구성 비율에 따를 때, 원리금 상환의 연체나 불능으로 인해 정상적으로 기대되는 원리금 상환 총액 중 약 7% 정도가 회수되지 않는다면 아파트의 가장 낮은 층인 BBB⁻등급과 그다음 층인 BBB등급의 MBS는 수익을 얻을 수 없게 되는 경우가 생깁니다. 그 경우 이 MBS의 가격은 폭락하게 되고 "BBB⁻와 BBB등급의 MBS는 파산했다"고 말합니다.

이런 모기지 대출의 '증권화'***로 말미암아 모기지 시장의 위험(채무불이행 위험과 유동성 부족 위험)이 감소하는 듯이 보였습니다. 왜냐하면 주택 구매자에게 먼저 모기지 대출을 제공하는 모기지 대출회사는 각각의 기준에 따라 차입자를 선정하지만, 패니메이와 프레디맥은 '표준화된 모기지 대출 자격 기준'에 따라 모기지 대출을 '인수'했으므로 모기지 대출 차입자가 원리금 상환을 이행하지 않을 가능성이 적어진 듯이 보였기 때문입니다. 또한 투자자들은 국책기관인 패니메이와 프레디맥이 발행하는 MBS는 "미국 정부가 보증하므로 파산할 위험이 없다"고 생각했습니다. 다시 말해 투자자들은 모기지

*** 이런 채권·채무의 증권화(securitization)는 신용카드 대출, 자동차 할부 금융, 대학 등록금 대출 등에도 널리 이용되고 있었습니다.

대출 차입자가 원리금을 갚지 못할 경우 미국 정부가 대신 원리금을 갚아준다고 상상했던 것입니다.* 더욱이 패니메이와 프레디맥의 MBS를 '보증'하고 있는 미국 정부는 세계화폐인 달러의 공급자이 므로 파산 위험이 전혀 없다는 점도 작용했습니다. 이리하여 패니메 이와 프레디맥의 MBS가 세계에서 가장 안전한 금융자산의 하나로 인기를 얻은 것입니다.

2006년 6월까지는 주택 가격이 폭등했기 때문에, 모기지 대출의 원리금 상환이 매우 순조로워서 MBS의 가격도 폭등했습니다. 이리 하여 모기지 대출 사업과 MBS 발행 사업에 온갖 기업들이 경쟁적으 로 참가하게 된 것입니다. 거대한 예금은행들(시티그룹·뱅크오브아메리 카·홍콩상하이은행그룹·JP모건체이스 등)은 '특별목적회사'(SPV) 또는 '구조 화된 투자회사'(SIV)를 세워 예금은행에 대한 규제를 피하면서 모기 지 대출 관련 업무를 수행했고, 거대한 공업기업들(자동차공업의 GM, 전 기전자공업의 GE 등)은 자기 휘하에 금융회사(GMAC·GE캐피탈 등)를 신설 하여 모기지 대출 관련 업무를 담당하게 했습니다. 모기지 대출 사 업과 모기지 담보 증권 발행 사업의 전성기가 온 것입니다. 모기지 대출회사들 사이의 경쟁이 심해지면서 '표준화된 모기지 대출 자격

---

* 패니메이와 프레디맥은 정부의 법령에 의해 세워진 '민간' 모기지 대출 인수회사이기 때문에, 정부가 두 기관의 MBS에 아무런 책임을 지지 않습니다. 2008년 7월 두 기관은 부실한 모기지 담보대출을 너무 많이 인수했고 가격이 폭락한 MBS를 너무 많이 소유하고 있었기 때문에, 파 산 위기에 빠졌습니다. 미국 정부는 이 두 기관의 손실을 혈세로 메워 주면서 모기지 담보대출 의 인수 업무를 계속하게 했습니다.

기준'이 사라졌기 때문에, 원리금 상환 가능성이 거의 없는 사람에게까지 모기지 대출을 제공하는 경우도 생겼습니다. 또한 모기지 담보 증권, 즉 MBS를 발행하는 사업도 국책 모기지 대출 인수회사인 패니메이와 프레디맥에만 한정되지 않고 대부분의 대규모 금융기업에게 개방되었습니다.

이 과정에서 평상시에 금융기업들로부터 수수료·범칙금·이자율이 매우 높은 약탈적인 성격의 대출—신용카드 대출, 주택 개량 대출, 봉급 담보대출(payday loans), 자동차 대출 등—을 받아 온 저소득층·유색인종·노인 들에게도 주택 담보대출(모기지 대출)을 제공하는 금융기업들이 나타나게 된 것입니다. 저소득층·유색인종·노인 들은 대체로 채무 상환을 이행하지 않을 확률인 '위험 정도'가 표준(또는 우량) 미만에 속하는 사람들로서 FICO 점수가 600 미만입니다. 또한 그들은 위에서 말한 소비자 대출시에, 위험이 없다고 간주되는 미국 재무부 증권의 수익률(이자율)보다 3%, 즉 300베이시스포인트**나 높은 이자율을 지급하고 있었습니다. 따라서 이런 약탈적인 대출은 2007년의 모기지 시장 붕괴 훨씬 이전에도 매우 높은 비율의 미상환·재산압류·개인적 금융 파산을 낳고 있었습니다. 그런데 이제 금융기업들은 신자유주의 속에서 사회보장제도의 축소와 일자리의 상실로 의지할 곳 없는 이들에게 약탈적인 모기지 대출을 제공하게

** 베이시스포인트basis point(bp)는 금융시장에서 금리나 수익률을 나타내는 단위로, 1베이시스포인트는 1%의 백분의 일(0.01%)입니다.

된 것입니다. 이런 모기지 대출을 '비우량 모기지 대출'(subprime mortgage)이라고 부릅니다. *

비우량 모기지 대출은 처음에는 주로 주택 소유자에게 제2모기지 대출을 제공하는 것이었다가, 곧 주택 구매자를 대상에 포함했습니다. 그런데 비우량 모기지 시장에서 모기지 대출회사가 행한 공격적인 영업 형태는 처음부터 노인·유색인종·소수인종 동네에 큰 타격을 주었습니다. 예컨대 모기지 대출회사의 대출 담당자가 어떤 기준에 따라 차입자가 '비우량' 등급에 속하게 되는지를 설명하지 않아 '우량' 등급에 속할 수 있는 사람들이 비우량으로 분류되어 더 높은 이자율을 지급하게 되는 경우가 생겼고, 모기지 대출의 이자율이 얼마이고 어떻게 변동할 것인가를 알려주지도 않았기 때문에 모기지 대출을 받아도 원리금을 상환할 수 있을지를 알 수 없었습니다. 또한 모기지 대출회사는 차입자로부터 더 높은 이자율을 받아 내는 대출 에이전트에게 더 많은 보너스를 주었습니다. 이리하여 결국 모기지 회사가 저소득 라틴계 차입자에게 준 모기지 대출의 20% 이상이 비우량 모기지 대출이었고, 아프리카계 미국 흑인 차입자에게 준 모기지의 1/3 이상이 비우량 모기지 대출이었습니다.

원리금의 상환 능력이 의심스러운 비우량 차입자들에게 비우량 모기지 대출을 너무 많이 대출하게 된 것에는 몇 가지 이유가 있었습니다. 첫째는 모기지 대출회사들이 서로 경쟁적으로 수익성이 높은

* Dymski(2010) 참조.

비우량 모기지 대출을 확대하려고 했기 때문입니다. 둘째로 모기지 대출회사는 모기지 대출 계약서(주택 저당 문서와 원리금 상환 계약서)를 다른 큰 금융기업(패니메이, 프레디맥, 투자은행, 예금은행, 예금은행의 특별목적회사, 펀드, 보험회사 등)에게 팔아 자금을 회수하면 그만이었기 때문입니다. 셋째로 주택 가격이 크게 상승하고 있을 때, 모기지 대출회사는 대출 신청서에 서명할 수 있는 거의 모든 사람에게 모기지 대출을 해 주기로 작정했을 정도로 너무 많이 대출했습니다. 왜냐하면 모기지 대출의 원리금을 갚지 못할 경우 주택을 압류하여 매각하면 모기지 대출금을 회수할 수 있다고 생각했기 때문입니다. 이리하여 2005년 초가 되면 월가(Wall Street)의 모든 거대 투자은행들 — 골드먼삭스Goldman Sachs, 모건스탠리Morgan Stanley, 메릴린치Merrill Lynch, 리먼브라더스, 베어스턴스Bear Stearns 등 — 은 비우량 모기지 대출과 '비우량 모기지 담보 증권'의 발행에 깊숙이 관여하고 있었습니다.

1990년대 중반에 비우량 모기지 대출은 연간 300억 달러 규모였는데, 2000년에는 이것이 1,300억 달러로 증가하고, 그중 550억 달러가 비우량 모기지 담보 증권으로 다시 포장되었습니다. 2005년에는 비우량 모기지 대출이 6,250억 달러가 되었고, 그중 5,070억 달러가 비우량 모기지 담보 증권으로 전환되었습니다. 이자율이 상승하는데도 비우량 모기지 대출은 성황을 이루고 있었습니다. 더욱 충격적인 것은, 대출 조건이 대출을 부실하게 만드는 쪽으로 변경되고 있었다는 점입니다. 1996년에는 비우량 모기지 대출의 65%가 고정이자율 대출이었으므로, 차입자는 빚을 모두 상환할 때까지 매월 얼마를 빚지고 있는가를 확실히 알 수 있었습니다. 그러나 2005년에는 75%의 비우량 모기지 대출에, 처음 2년은 이자율이 낮게 고정되어 있다가 그 뒤에는 갑자기 상승하는 변동이자율이 책정되었습니다.

비우량 차입자를 비우량 모기지 대출에 끌어들이기 위해, 대출회사는 첫 2년 동안에는 매우 낮은 고정이자율을 제시하면서 "당신은 모기지 대출만 받으면 다른 모든 비싼 대출―신용카드 대출, 자동차 대출 등―을 상환할 수 있다"고 유인했습니다. 이런 식으로 2005년 초에 얻은 모기지 대출은 2년 동안은 6%라는 고정이자율을 가지지만, 2007년이 되면 이자율이 11%로 급상승하면서 상환 불능 상태에 빠지게 되는 것입니다. 그리하여 전문가들은 비우량 모기지 대출은 고작 3년 안에 상환 불능 상태에 빠질 것이라고 예상했으며, 따라서 비우량 모기지 담보 증권인 BBB와 BBB⁻등급의 MBS 가치도 3년 안에 0이 될 것이었습니다.

이에 따라 비우량 MBS가 수익을 내지 못하는 경우, 다른 말로는 비우량 모기지 담보 증권이 파산하는 경우, 비우량 MBS의 원리금 전액을 대신 지급하는 보험―채권 파산 보험―이 등장하게 되었습니다. 이것이 CDS(credit default swap)입니다. CDS를 구입하는 사람은 일정한 보험기간 동안 CDS 발행자에게 '보험료'를 지급해야 하고, 그 보험기간 안에 비우량 MBS가 파산하면 CDS 발행자가 CDS 구매자에게 비우량 MBS의 원리금 전액을 '보험금'으로 지급해야 하는 것입니다. CDS를 발행하여 보험료를 마치 '공짜'인 것처럼 받아먹다가 거대한 보험금을 지급하게 되어 미국 정부의 구제금융을 수천

억 달러 받은 보험회사가 바로 AIG입니다. 물론 보험회사가 아닌 금융기업들도 CDS를 발행하고 매매했습니다.

채권 파산 보험(CDS)의 보험료는 신용평가기관이 매긴 증권의 신용 등급에 의해 결정되고 있었습니다. 위험이 없다고 생각하는 AAA등급의 증권에 대한 보험증서(CDS)를 구매하기 위해서는 보험금액의 20베이시스포인트(0.2%, 보험금액이 1억 달러라면 20만 달러)를 매년 보험료로 지급해야 하고, A등급의 증권에 대한 보험료로는 보험금의 50베이시스 포인트(0.5%, 보험금액이 1억 달러라면 50만 달러), BBB등급의 증권에 대한 보험료로는 보험금의 200베이시스포인트(2%, 보험금액이 1억 달러라면 200만 달러)를 지급해야 했습니다. 그런데 모기지 대출 집합 전체로부터 만들어지는 신용 등급별 MBS의 구성 비율에 따르면, BBB등급의 비우량 MBS란 기초가 되는 모기지 대출의 집합 전체가 대체로 7%의 손실을 입으면 가치가 0이 되고 파산하게 되는 채권입니다. 전문가의 예상대로 비우량 MBS가 3년 안에 파산하게 된다면 이 채권 파산 보험(CDS)을 구매한 투자자는 3년 동안 600만 달러의 보험료를 낸 뒤 1억 달러의 보험금을 챙기게 되는 것인데, 이렇게 되면 CDS를 발행한 보험회사나 금융기업은 막대한 손실을 입어 파산하게 될 것입니다. 또한 얄궂은 것은 이렇게 횡재하는 투자자는 BBB등급의 MBS를 소유한 사람이 아니라, 이 MBS에 대한 CDS를 구매한 사람에 불과하다는 사실입니다. BBB등급의 MBS를 소유한 사람은 한 푼도 건지지 못합니다.

모기지 담보 증권(MBS) 이외에도 자산 담보 증권(ABS 즉 asset-backed

securities)과 채무 담보 증권(CDO 즉 collateralized debt obligation)이 있습니다. MBS가 앞에서 본 것처럼 모기지 대출을 담보로 창조된 증권이라면, ABS는 모기지 대출, 자동차 대출, 신용카드 대출, 학자금 대출 등 각각의 자산을 담보로 한 증권을 가리킵니다. 그리고 CDO는 모기지 대출, 자동차 대출, 신용카드 대출, 학자금 대출 등을 섞어서 만든 증권을 가리키는데, 모기지 대출의 비중이 점점 더 커져서 모기지 담보 증권과 동일한 내용을 이루게 되었습니다. 그런데 비우량 모기지 담보 증권(BBB등급)의 무더기를 각 금융기업별로 그리고 각 지역별로 수집하는 과정에서, 미국 제1위의 투자은행인 골드먼삭스는 각각의 비우량 모기지 대출에 차이가 있으며, 따라서 각각의 비우량 MBS에도 차이가 있다고 주장했습니다. 그러면서 수천 개의 비우량 MBS로 CDO를 만들었고 그중 80%를 AAA · AA · A로 평가해 줄 것을 신용평가기관(무디스, S&P 등)에 요구했으며, 그 요구는 받아들여졌습니다. 다시 말해 '비우량' MBS로부터 '우량' CDO가 탄생한 것입니다. 이것은 '납으로 금을 만드는' 사기에 불과했으며, BBB등급의 MBS를 AAA등급의 CDO로 세탁하여 돈을 버는 것에는 어떤 두뇌도 필요하지 않았습니다. 또한 모든 CDO가 사실상 BBB등급의 MBS로 구성되어 있으므로, BBB등급의 MBS가 사라지면 모든 CDO도 파산하게 되어 있었습니다. 다시 말해 비우량 모기지 대출 차입자가 원리금 상환을 못하게 되면 BBB등급의 MBS와 모든 등급의 CDO가 지닌 가치는 0이 될 수밖에 없었는데, 금융투기시장에서는 MBS와 CDO가 가장 안전한 금융자산인 것처럼 매매되고 있었던 것입니다.*

미국의 경기가 주택 거품으로 말미암아 과열되고 있다고 느낀 중
앙은행은 2004년 중반부터 연방기금 이자율을 인상하기 시작하여
2006년 초에는 5.25%까지 올렸고(〈그림 5-1〉 참조), 그것이 1년 이상
지속되었습니다. 비우량 모기지 차입자가 너무 높은 이자율 때문에
원리금을 갚지 못하는 사태가 발생하였고, 수많은 주택이 압류되면
서 주택 가격은 하락하고 비우량 모기지 대출회사는 파산하기 시작
했으며, 비우량 MBS와 CDO의 가격은 폭락하고, 채권 파산 보험
(CDS)을 판매한 금융기업도 파산 위기에 처하게 되었습니다. 모기지
관련 증권에 거액을 투자한 금융기업들과 기타 투자자들도 파산하
기 시작했고, 금융기업들의 주가를 포함한 뉴욕 주식시장의 주가는
곤두박질쳤습니다.(〈그림 5-5〉 참조) 이에 따라 세계 주요 은행의 주식
시가총액은 〈표 5-5〉에서 보이는 바와 같이 대폭 감소했습니다.

비우량 모기시 대출이 증가할 수 있었던 원인들은 대체로 다음과
같습니다. 먼저 1975~2010년에 소득분배 중 임금 몫은 저하하고
이윤 몫은 상승한 상황에서, 특히 부시 대통령의 부자 감세가 부동산
이외에는 투자할 곳이 없는 거대한 화폐자본(또는 금융자본)을 낳았기
때문입니다. 또 1980~1990년대에 연금기금·헤지펀드hedge fund·
뮤추얼펀드mutual fund·사모펀드(private equity fund) 등이 크게 증가하
였고, 엔화에 의거한 '캐리트레이드'carry-trade(예를 들면 이자율 0.3%로 엔

---

* Lewis(2010) 참조.

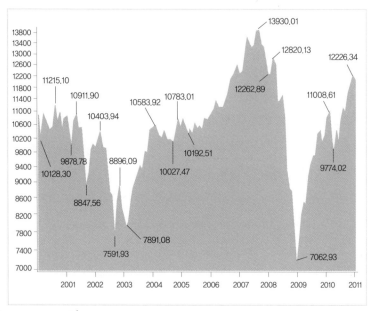

출처: StockCharts[16]

〈그림 5-5〉 미국 다우존스 산업 평균 지수 추이
(2000~2011, 매일지수)

화를 빌려, 그 자금을 미국의 비우량 MBS에 투자하여 18%의 수익률을 올리는 것)가 빈번하게 이루어졌기 때문이기도 합니다. 더불어 아시아(특히 중국)가 미국에 수출하여 얻은 거액의 달러를 대부분 미국의 금융자산에 투자하여, 미국 금융시장의 유동성이 풍부해졌던 것도 요인이었습니다.

한편 비우량 모기지 대출을 그렇게 많이 받게 된 차입자, 즉 인민대중의 입장에서 보자면 신자유주의의 장기적인 결과인 실업의 증

<표 5-5> 세계 주요 은행의 주식 시가총액 (단위: 10억 달러)

	2007년 3월 1일	2009년 1월 21일
시티그룹	250.4	17.2
BOA	225.3	36.7
HSBC	200.5	86.0
JP모건체이스	170.9	74.8
UBS	123.9	32.8
BNP파리바	96.3	28.2
골드먼삭스	82.1	25.4
도이체방크	67.8	13.1

출처: 강동호(2009)[17]

가, 정규직의 비정규직화, 기업이 담당하던 연금 급부 및 건강 급부의 삭감, 임금수준의 정체나 하락, 사회보장제도의 해체, 생활비의 상승 등으로 살기가 어려워져 차입이 증가할 수밖에 없었다는 점을 들 수 있습니다.

미국 중앙은행의 버냉키 의장까지도 비우량 모기지 시장의 붕괴가 금융시장 전체에 미치는 영향을 잘못 파악하고 있었습니다. 그는 비우량 모기지 시장이 2조 달러로 확대되었지만, 이것은 아직도 총 14조 달러인 미국 모기지 시장의 일부에 지나지 않으므로 큰 문제가 되지 않는다고 생각했던 것입니다. 그러나 이는 비우량 모기지 시장과 전체 금융시장 사이를 여러 가지 새로운 금융상품들이 복잡하게 연결하고 있다는 사실을 고려하지 않은, 잘못된 생각이었습니다. 앞에서 살펴보았듯이 비우량 모기지 대출로부터 비우량 모기지 담보 증권(MBS)이 창조되고, 이것이 다시 채무 담보 증권(CDO)을 낳았으며, MBS와 CDO의 파산에 대비하는 보험으로서 채권 파산 보험(CDS)이 생겨났기 때문입니다.

금융기업은 단순히 모기지 대출을 행하고 그것을 자기의 장부에 계속 가지고 있는 것이 아닙니다. 모기지 대출회사는 모기지 대출을 '개시'(origination)한 것에 불과하며, 이것은 모기지 대출에 근거한 증권화 사슬의 첫 고리를 만든 것에 불과합니다. 모기지 대출을 인수하는 금융기업들은 각종 모기지 대출들을 분류하고 등급을 매겨 각종 증권을 만든 뒤에 이 증권들을 수많은 투자자에게 판매하게 됩니다. 증권화가 채무불이행 위험과 유동성 부족 위험을 감소시킨다고 가정하였지만, 증권화가 실제로 의미하는 것은 수많은 금융기업들과 투자자들이 서로 연결된다는 것입니다. 독일의 보험회사와 노르웨이의 도시 연금기금이 자신의 보유 유가증권 목록에 캘리포니아의 비우량 MBS를 가지고 있을 수 있는 것입니다. 더욱이, 수많은 금융기업들이 더욱 큰 수익을 올리기 위해, 이런 증권에 투기하려고 너무 큰돈을 빌립니다. 그리하여 이런 증권들이 가치를 잃기 시작할 때, 세계의 모든 금융기업들과 투자자들이 파산할 위험에 처하게 되는 것입니다.

뉴욕 연방준비은행의 가이트너T. F. Geithner 총재(오바마 정부에서는 재무부 장관)는 "거래 상대방의 파산에 대비하여 자기를 보호하기 위해 투자자가 구매하는 각종 형태의 보험(채권 파산 보험 등)의 급격한 성장은, 파산의 도미노 현상을 야기할 가능성이 있기 때문에, 사실상 투자자들을 궁극적으로는 더욱 상처받기 쉽게 만들 것이다"라고 경고했습니다. 예를 들어 A은행이 C은행의 파산 가능성에 대비하여 B은행에게 보험료를 주고 보험증권(CDS)을 샀다면, C가 실제로 파산했을 때 B는 A에게 거액의 보험금을 주어야 하기 때문에 덩달아 파산할 가능성이 있는 것입니다.

3. 미국 금융시장의 변화

1980년대 이후의 신자유주의 아래에서 미국 금융제도가 어떻게 변했는가를 알아야만 금융위기와 금융공황이 발생하는 경로를 좀 더 분명하게 파악할 수 있을 것입니다. 몇 개의 특징적인 변화를 살펴보겠습니다.*

첫째, 이전에는 투자은행들이 고객들의 요청에 따라 증권 거래를 했지만 자기 자신의 계정으로 증권 거래를 한 적은 없으며, 예금은행들도 마찬가지였습니다. 그런데 1980년대 중반부터 점점 더 많은 투자은행과 예금은행이 자기 자신의 계정으로 금융자산과 기타 자산에 투자하는 것 ― '자기 고유 계정 거래'(proprietary trading) ― 을 '중심적인' 활동으로 삼았습니다. 또한 월가 은행들은 다른 금융기업들 ― 예컨대 헤지펀드, 사모펀드, 특별투자회사 등 ― 이 투기적인 금융거래를 하도록 자금을 공급하는 역할을 했습니다. 이런 대출은 매우 수익성이 좋아서 다수의 은행들에게는 가장 큰 수익원이 되었습니다.

* Gowan(2010) 참조.

둘째, 신자유주의 아래에서는 투기적인 차익 거래(arbitrage)와 자산 가격 거품 만들기가 워싱턴의 규제 당국과 월가의 기본적인 방향이 었습니다. 금융 거품을 적절히 관리하는 방법은 어떤 분야에서 거품이 터지면 다른 분야에서 다른 거품을 만들어 내는 것이라고 생각했기 때문입니다. 금융기업들은 IT 산업 거품 다음으로 주택 거품, 주택 거품 다음으로 에너지 가격 거품이나 신흥시장 거품 등으로 계속 거품을 만들면서 투기적인 차익을 챙겼습니다. 그런데 이렇게 할 수 있는 것은 중앙 집중화된 거대 금융 권력이 작동하고 있기 때문입니다. 월가는 흔히 생각하는 것처럼 '자유경쟁 체제'가 아니라 5개의 투자은행(규모 순서로 골드먼삭스·모건스탠리·메릴린치·리먼브라더스·베어스턴스)에 의해 지배되고 있는 '금융과두제'였습니다. 이 투자은행들은 4조 달러의 자산을 보유하고 있을 뿐만 아니라 자기들의 배후에 있는 금융기업들 ― 예금은행·화폐시장·펀드·연금기금 등 ― 로부터 수십 조 달러 이상을 동원하여 자기들이 원하는 것을 추구할 수 있었습니다.

월가의 은행들이 2001년부터 나타난 주택 가격 거품을 일부러 조장했다는 증거가 있습니다. 시티그룹은 1990년대에 주택 소유자에게 제2의 모기지를 얻게 하려고 "부자처럼 살자"라는 테마의 운동을 벌였고, 이것에 여러 은행이 동참함으로써 10년 동안 제2모기지 대출이 1조 달러 이상 증가했습니다. 또한 주택 붐이 꼭대기에 도달했는데도 불구하고, 비우량 대출 규모는 2004~2006년에 폭발적으로 증가했습니다. 2001~2003년에 모기지 대출 개시액은 총 9조 400만 달러였는데 이 중 8.4%가 비우량 대출이었고, 비우량 대출의 55%(4,180억 달러)가 증권화되었습니다. 그런데 2004~2006년에는 모기지 대출 개시액은 총 9조 200만 달러로 2001~2003년과 명목상으로 거의 같았지만, 이 중 19.6%가 비우량 대출이었고 비우량 대출의 78.8%(1조 3,910만 달러)가 증권화되었던 것입니다.

또한 소수의 거대한 금융기업이 월가를 지배하는 금융과두제는 석유에 대한 투기를 통해 2007년 가을과 2008년 여름 사이에 석유 가격을 1배럴당 70달러에서 140달러로 폭등하게 했으며, 제1차 산품(커피·코코아·밀·쌀·각종 광물자원 등)의 가격도 폭등시켰습니다. 다시 말해 석유 가격 폭등의 책임이 아랍의 생산자들에게 있는 것이 아니었고, 제1차 산품의 가격 폭등에 대한 책임도 최대의 수요자인 중국인에게 있지 않았다는 이야기입니다.

셋째, 월가 영업 모델의 큰 특징은 자산과 부채(또는 대차대조표)를 극대화하려고 끊임없이 노력한다는 점이었습니다. 금융기업은 외부로부터 최대한 큰 자금을 빌려 수익성 있는 금융자산에 최대한 크게 투자함으로써 최대의 수익을 올리려고 한 것입니다. 금융기업들은 자기의 레버리지leverage 비율(유가증권/자기자본)을 유지하거나 높이기 위하여 외부로부터 거액을 차입하는 일에 항상 관심이 있었습니다.

예를 들어 투자은행이 레버리지 비율 10을 유지하는 전략에 따라 자기의 대차대조표를 적극적으로 운영한다고 가정합시다.

A. **차변**(debit):   **대변**(credit):

　증권 100원   부채 90원

　　　　　　　　　　자기자본 10원

　레버리지 비율=100/10=10

　이는 이 은행이 자기자본 10원에 대해 100원(또는 1원에 대해 10원)의
증권을 보유하고 있다는 것, 또는 자기자본 10원에 대해 90원(또는 1원
에 대해 9원)의 부채를 보유하고 있다는 것을 가리킵니다.

　만약 증권의 가격이 1% 상승해 101원이 되면, 자기자본이 10원에
서 11원으로 증가하여야* 차변과 대변의 균형이 유지됩니다.

　차변: **대변:**

　증권 101원   부채 90원

　　　　　　　　　　자기자본 11원

　레버리지 비율=101/11≒9.2

　그러나 목표인 레버리지 비율 10을 유지하려면, 추가적인 부채(d)
를 얻어 증권을 구매해야 합니다. "(101+d)/11=10"라는 식을 세워

* 왜냐하면 부채의 가치는 거의 불변이기 때문입니다.

보면 d는 9이므로, 대차대조표는 다음과 같이 바뀌게 됩니다.

B.   **차변:**   **대변:**
     증권 110원   부채 99원
                           자기자본 11원

     레버리지 비율=10

만약 보유 증권의 가치가 110원에서 109원으로 저하하는 경우, 자기자본도 11원에서 10원으로 감소하므로 레버리지 비율은 109 나누기 10, 즉 10.9가 됩니다. 레버리지 비율을 10으로 유지하기 위해서는 증권을 e만큼 팔고 부채를 e만큼 줄여야 합니다. "(109 - e)/10=10"이라는 식에 따라 e는 9가 되므로, 대차대조표는 다음과 같이 바뀔 것입니다.

C.   **차변:**   **대변:**
     증권 100원   부채 90원
                           자기자본 10원

     레버리지 비율=10

결국, 컴퓨터에 입력한 전략에 따라 레버리지 비율을 10으로 유지하려고 한다면, 증권 가격이 상승하면 부채(또는 차입)를 늘려 증권을 구매해야 하고, 증권 가격이 하락하면 증권을 매각하여 부채를 줄여야 하는 색다른 행태가 등장하게 되는 것입니다. 다시 말해 증권 가격이 오르면 금융기업들은 부채를 얻어 더욱 더 많은 증권을 구매하므로 증권 가격은 더욱 더 상승하게 되며, 증권 가격이 내리면 증권을 내다 팔게 되므로 증권 가격은 더욱 더 내려가게 됩니다. 활황 국면에서는 증권 가격이 끝없이 올라가다가, 위기 국면에서는 증권 가격이 끝없이 하락하는 현실을 잘 설명하는 부분입니다. 실제로 대부분의 투자은행은 레버리지 비율을 30~50으로 유지하고 있었으므로, 자기자본 1원에 대해 증권 규모는 30~50배이며 부채 규모는 29~49배였다는 이야기입니다. 부채 규모가 너무 크기 때문에, 자금 조달이 어려워지면 곧 파산할 수밖에 없었던 것입니다.

넷째, 예금은행이 아닌 투자은행과 펀드 등은 고객들로부터 예금을 받지 못하고, 중앙은행에 지급준비금을 예치하지 않아 중앙은행으로부터 적격어음을 할인받지 못하므로, 주로 화폐시장에서 단기자금을 차입하여 주식과 채권이나 비우량 MBS에 투자했습니다. 따라서 화폐시장에서 자금이 말라 버리면 투자은행과 펀드는 자기가 가지고 있던 유가증권을 헐값으로 시장에 팔지 않을 수 없으며, 곧이어 파산하게 됩니다.

투자은행과 펀드 등 금융기업들은 주로 '환매시장'(repurchase agreement market, 또는 repo market)에서 단기자금을 차입합니다. 예를 들면 투자은행 A가 K주식 1만 장을 오늘(2011년 2월 21일)의 1주당 가격

1,000원으로 금융기업 B에게 팔면서, 2월 23일 이 주식 1만 장을 1주당 1,200원(환매 가격)에 다시 사기로 계약함으로써 단기자금을 조달하는 것입니다. 2월 23일 A는 B로부터 1주당 1,200원을 주고 다시 주식 1만 장을 돌려 받는데, 이날의 주식가격이 1,500원이라면 A는 K주식을 팔아 큰 수익을 올리게 됩니다. 또 다른 환매계약 방식은 A가 내일모레(2월 23일) K주식 1만 장을 1주당 1,200원에 사기로 B와 계약하고, 이 주식을 담보로 오늘(2월 21일) B로부터 자금을 차입하는 방식입니다. 2월 23일에 주가가 1,500원으로 오른다면, A는 이 주식을 팔아 차입금을 상환하면서 큰 수익을 얻을 수 있을 것입니다.

증권 가격의 상승을 전제하고 있는, 환매계약에 의한 이런 자금 조달 방식은 월가 금융기업들의 레버리지 증가에 43%나 기여했으며, 또한 2007~2008년도 투자은행의 대차대조표에서 가장 큰 형태의 부채였습니다. 그러나 증권 가격이 하락하는 경우에는 이런 환매계약으로 자금을 조달하는 것이 매우 어려워집니다.

정부 당국의 통제나 투명성 규제를 전혀 받지 않는, 비우량 MBS의 거대한 투자자인 헤지펀드·사모펀드·특수목적회사 등이 월가 은행으로부터 자금을 얻기 위해서는 담보를 제공해야 합니다. 그런데 펀드 등은 MBS 가격이 상승할 때는 추가적인 담보를 제공할 필요가 없지만, MBS 가격이 하락하는 경우에는 추가적인 담보를 제공해야 하기 때문에 큰 곤란을 겪었으므로, MBS를 헐값으로라도 팔아버리거나, 아니면 파산하게 되었습니다.

다섯째, 모기지 대출을 기반으로 창조된 금융상품들—모기지 담보 증권(MBS)·자산 담보 증권(ABS)·채무 담보 증권(CDO)·채권 파산 보험(CDS) 등 ─ 이 금융시장에서 중심적인 지위를 차지하게 되었다는 점입니다. 1990년대 말 이래로 '장외의'(over-the-counter) 금융상품인 CDO와 CDS가 금융시장에서 점점 더 큰 비중을 차지하게 되었습니다. CDO는 금융기업이 다양한 품질의 각종 대출(주로 주택 담보대출이지만, 신용카드 대출, 자동차 할부 금융 등도 포함함)을 대규모로 수집하여 가상적인 아파트를 짓고, 이 아파트의 몇 층까지에 대해 신용평가회사로부터 투자 적격 신용 등급인 AAA·AA·A·BBB를 받아 투자자에게 파는 증권입니다. 그런데 이 채무 담보 증권은 수십만 개의 상이한 원천으로부터 창조된 것이기 때문에 이 증권의 신용도와 현금 획득 능력은 알려지지 않았습니다. 따라서 CDO는 신용평가기관이 말하는 얼마라는 가치 이외에는 시장가격이나 가격 결정 메커니즘을 가지고 있지 않았으며, 발행자로부터 투자자에게 '장외'에서 직접 팔렸습니다. 쉽게 말해서, CDO는 그것을 구매하는 사람에게 그 증권의 내용이 전혀 알려져 있지 않고, 다만 그 증권의 발행자가 예컨대 골드먼삭스라거나, 그 증권의 신용평가자이면서 가치를 매긴 자가 예컨대 S&P라는 것만 알려져 있기 때문에, 가장 좋게 생각하면 매우 위험하며, 가장 나쁘게 생각하면 사기였습니다. 그런데 월가의 거대한 금융기업들과 그들의 위성회사인 '구조화된 투자회사'들(또는 특수목적회사들)이 수십억 달러를 차입해 수십만 장의 CDO를 사들이고 있었던 것입니다. 2007년 8월, 이 CDO 중 가장 안전하다고 믿고 있던 '최우수 등급'이 사실은 '가치 없는 증권'(junk bond)이라는 것이 판명되자마자, 발행된 CDO 중 도대체 어디까지가 가치 없는 것인가를 알 수 없었기 때문에 모든 CDO가 팔리지 않았으며, CDO 를 대량 보유한 금융기업들은 자금을 조달할 수 없어 파산하기 시작했고, 금융시장에는 갑자기 심각한 신용경색 또는 자금 부족이 생겼으며, CDO 위에 세워진 금융 피라미드 전체가 붕괴하고 CDO를 채권 파산 보험(CDS)으로 보증해 준 보험회사들도 모두 파산한 것입니다.

4. 금융위기의 발생

2007~2009년의 금융 상황은 두 개의 국면으로 구분할 수 있습니다. 2007년 8월에서 2008년 8월까지는 '금융위기' 국면으로 미국 금융제도에서 상대적으로 작은 한 부분―비우량 주택 모기지 대출―의 손실에서 시작되었습니다. 미국의 중앙은행은 유동성(또는 자금) 부족이 금융위기의 근본 원인이라고 진단하여 각종 기금을 창설해 대규모의 자금을 공급했습니다. 그럼에도 불구하고 이 자금은 가계나 기업에게는 전혀 도달하지 않았고, 심지어 금융기업들 사이에서도 유통되지 않고, 각 금융기업의 금고 안이나 중앙은행의 초과 지급준비금으로 퇴장(hoard)되고 있었습니다. 이리하여 2008년 7월에는 모기지 대출 인수회사인 패니메이와 프레디맥이 국유화되고, 9월에는 미국 4위의 투자은행인 리먼브라더스가 파산하고 세계 최대의 보험회사인 AIG가 붕괴하면서 금융위기는 금융공황으로 빠져 버린 것입니다. 그 뒤 정부가 금융기업들을 살리기 위해 각종 긴급 구제금융을 제공하게 되었지만, 아직도 미국의 금융제도·세계 금융제도·국가 부채·상공업·실업·빈곤 등에 대한 새로운 길은 전혀 제시되지 않은 채로, 세계대공황은 여전히 계속되고 있습니다.

금융위기 국면

2007년 8월 미국에서 일어난 2조 달러 규모의 비우량 모기지 대출 시장 붕괴는 미국과 세계의 금융시장 전체를 위기에 빠뜨렸습니다. 비우량 MBS에 투기한 미국의 5대 투자은행 중 레버리지 비율이 가장 크고 취약했던 베어스턴스 소속 헤지펀드 두 개가 파산해 투자자의 돈 16억 달러를 잃고, 프랑스 최대의 은행인 BNP파리바Paribas가 자기의 화폐시장 펀드에 있는 자금의 인출을 중단시킨 2007년 8월이 금융위기 국면의 시작입니다. 그렇지만 미국 주택 가격 붐은 이미 2006년 6월에 꼭대기에 이르렀고, 주택 가격이 하락함에 따라 비우량 주택 모기지 대출에 근거한 MBS들은 큰 손실을 입기 시작했습니다. 2008년 초까지 이런 증권들의 손실액은 약 5,000억 달러로 추산됩니다.

2008년 7월에 이르자 모기지 대출을 인수하던 민간 모기지 회사는 대부분 파산하고, 오직 국책 모기지 회사인 패니메이와 프레디맥만이 모기지 대출을 인수하고 있었습니다. 정부는 거대한 유독有毒 자산(toxic asset, 부실 자산 또는 문제 자산이라고도 부름)을 안고 있는 이들을 파산하게 둘 수 없었으므로, 7월 30일 '2008년의 주택·경제회복법'의 통과로 신설된 '연방주택금융청'(FHFA)에게 두 기관의 재산을 관리하게 하면서 사실상 국유화했습니다.

월가에서는 금융기업이 고객을 위해 증권을 중매하면서 동시에 자기 계정으로 증권을 매매하므로 다른 금융기업이 제공하는 '하룻밤 자금'(overnight fund)에 계속 의존하지 않을 수 없기 때문에, 금융기업이 갑자기 파산할 수가 있습니다. 다시 말해 금융기업의 생명의 근원은 오직 다른 금융기업의 신뢰이기 때문에, "문제가 있다"는 조그마한 암시 하나에 의해서도 신뢰가 곧 사라져 버리고 자금을 구할 수 없어 금융기업이 파산할 수 있습니다.

이번 위기의 자금 인출 사태는 고전적인 뱅크런bank run과는 달랐습니다. 고전적인 뱅크런이란 은행이 단기 채무인 예금을 받아서 장기 대출한 자산을 가지고 있는데, 예금자들이 예금을 인출하려고 한꺼번에 몰려오면 은행은 장기 자산을 곧 현금으로 전환할 수가 없어 지급불능 사태에 빠지게 되는 것이었습니다. 그런데 이번의 경우에 '화폐시장에서 활동하는 뮤추얼펀드' 즉 MMMF(money market mutual funds)를 보면 그 형태가 조금 달랐습니다. 한 가지 형태는 뮤추얼펀드에 투자한 주주가 주식(미국에서 한 장의 액면 금액은 1달러)을 대량으로 매각함으로써, 뮤추얼펀드의 주식 가격이 1달러 이하로 내려가* 뮤추얼펀드가 파산하게 된 경우였습니다. 예컨대 화폐시장의 대표적인 펀드인 RPF(Reserve Primary Fund)는 리먼브라더스의 어음을 7억 8,500만 달러 가지고 있었는데, 리먼브라더스의 파산과 함께 자기의 주식을 액면 가격 1달러에 상환할 수가 없게 되었고 주주들은 주식을 팔아 자기의 자금을 인출했으므로, 자산의 90%를 잃게 되어 파산했습니다. 이리하여 모든 화폐시장 펀드로부터 자금 인출이 뒤따랐

---

* 이를 'breaking the buck'이라고 하는데, 지난 50년 동안 단 두 번 생겼을 정도로 드문 일입니다.

고, 이것은 은행의 자금 조달을 더욱 어렵게 했습니다. 왜냐하면 화폐시장 펀드가 은행의 상업어음과 예금증서를 매입함으로써 은행은 단기자금을 조달해 왔기 때문입니다.

또 다른 형태는 이러합니다. 뮤추얼펀드는 단기 차입의 형태로 자금을 빌리게 되는데, 1억 달러를 환매계약으로 빌리려면 1억 500만 달러의 MBS를 대출은행에 담보로 제공해야 합니다. 이 경우 '초과 담보액/자금 차입액'을 나타내는 초과 담보율(이를 '헤어컷'haircut이라고 부름)은 5%입니다. 그러나 MBS 가격이 하락하고 MBS의 장래 가치에 대한 불확실성이 높아지면 초과 담보율은 50%까지 상승할 수 있으며, 대출은행이 요구하는 추가 담보를 제공하지 못하면 자금을 이용할 수가 없어, 펀드는 파산하게 됩니다.

세 번째 형태는, 펀드가 단기자금을 조달하기가 어려워지고 장기 자산 — 예컨대 MBS — 을 '공정한' 가격에 현금으로 전환할 수 없게 되어 장기 자산을 투매하면, MBS 가격은 더욱 하락하여 단기채무를 갚을 수 없게 됨으로써 지급불능 사태에 빠지게 되는 것입니다. 이런 형태들이 이번 위기에서 나타난 뱅크런이었다고 말할 수 있습니다.

신용시장의 혼란 또는 신용 위험을 나타내는 하나의 지표는 안전한 금융 수단과 위험한 금융 수단 사이의 이자율 차이입니다. 〈그림 5-6〉의 'TED스프레드spread'는 미국 재무부 증권(위험이 없다고 여겨지므로 금리가 가장 낮음)의 3개월 이자율(또는 수익률)과 런던의 은행 간 3개월 대출이자율인 LIBOR(London Inter-Bank Offered Rate) 사이의 차이(spread)를 가리킵니다. 2007년 8월 7일 이전까지는 평균 40베이시스포인트(0.4%)였던 TED스프레드가 8월 20일에는 240베이시스포인트(2.4%)까지 확대되었는데, 이것은 은행들이 '부실 자산'에 오염되는 것을 두려워하여 현금을 거두어들이고 거의 어떤 종류의 대출도 행하기를 거절하고 있는 상태를 반영하고 있습니다. 어느 은행이 비우량 모기지 대출에 가장 많이 노출되어 있는지를 알 수 없기 때문에, 모든 상대 은행이 '무죄가 판명되기까지 유죄'로 간주되었습니다. 2008년 3월 베어스턴스는 상대방 은행들의 불신 때문에 MBS를 현금으로 전환할 수 없었고, 단기자금의 조달이 불가능해지니 자기의 단기 채무를 지급할 수 없게 된 것입니다. TED스프레드는 2008년 3월에 200베이시스포인트(2.0%) 이상으로 확대되었다가 그 뒤 100베이시스포인트 이하로 줄어들었습니다.

중앙은행의 유동성 공급 프로그램

이런 금융위기에 직면하여 중앙은행은 평상시와 마찬가지로 공개시장조작(국채인 재무부 증권을 판매하고 구매하는 사업)과 재할인 창구 대출을 통해 유동성을 공급했습니다. 그리고 2007년 9월부터 연방기금의 목표 금리를 정책적으로 낮추기 시작하여, 2008년 12월에는 0~0.25%까지 낮추었습니다.(〈그림 5-1〉 참조)

또한 다음의 A~E와 같은 비전통적 화폐 정책으로 금융기업들에 대한 유동성 공급을 확대하여 가계와 기업의 지출에 영향을 미치려고 시도했습니다.

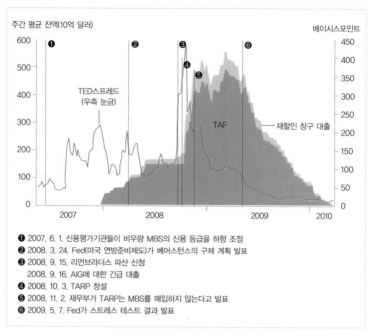

주간 평균 잔액(10억 달러)   베이시스포인트

❶ 2007. 6. 1. 신용평가기관들이 비우량 MBS의 신용 등급을 하향 조정
❷ 2008. 3. 24. Fed(미국 연방준비제도)가 베어스턴스의 구제 계획 발표
❸ 2008. 9. 15. 리먼브라더스 파산 신청
   2008. 9. 16. AIG에 대한 긴급 대출
❹ 2008. 10. 3. TARP 창설
❺ 2008. 11. 2. 재무부가 TARP는 MBS를 매입하지 않는다고 발표
❻ 2009. 5. 7. Fed가 스트레스 테스트 결과 발표

출처: Willardson & Pederson(2010)

〈그림 5-6〉 예금기관에 대한 대출

A. 예금기관을 지원하는 프로그램

위의 금융위기는 금융기업이 상대방 금융기업의 금융 상태를 우려하여 서로 자금을 융통하지 않게 되었을 때 시작되었다고 보면 됩니다. 이것은 부분적으로는 주택 거품이 터졌기 때문인데, 이로 말미암아 은행과 기타 금융기업이 행한 모기지 대출 및 그들이 소유하거나 판매하고 있는 MBS의 질에 대한 우려가 생긴 것입니다. 이리하

여 TED스프레드(=3개월 LIBOR – 3개월 재무부 증권의 이자율)는 2008년 3월에 150베이시스포인트로 증가했다가 2008년 10월에는 거의 450베이시스포인트로 급증했습니다.(〈그림 5-6〉 참조) 금융기업들 상호 간에 느끼는 불신이 크게 증가한 것을 가리킵니다.

이런 은행 간 자금시장의 경색을 완화하기 위해 중앙은행은 '기간 자금 경매기금' TAF(Term Auction Facility)를 2007년 12월에 창설하여 2010년 3월까지 운영했습니다. 재할인 창구 대출을 받을 수 있는 예금기관들이, 중앙은행이 경매에 내놓는 자금을 경쟁적으로 매입하는 프로그램이었습니다. 재할인 창구 대출이 주던 '낙인' – 시장이 자율보다 좀 높은 이자율로 창구 대출을 받는 예금기관은 자금 사정이 나쁘기 때문이라는 낙인 – 을 없앨 수 있었기 때문에, TAF는 '긴급한' 자금 원천에서 나아가 주요한 자금 원천이 될 수 있었습니다. TAF는 중앙은행의 매우 성공적인 프로그램 중 하나였습니다.

〈그림 5-6〉에서 보는 바와 같이 TAF 차입은 TED가 급상승할 때 증가했으며, 2008년 9월의 리먼브라더스 파산과 AIG 붕괴 직후에는 최고 금액인 5,000억 달러에 달했습니다. 재할인 창구 대출(Primary Credit)도 좀 더 매력적인 낮은 금리와 기간 연장(처음에는 30일까지, 그 다음에는 90일까지)을 제공하면서 평상시와 마찬가지로 행해졌습니다.

제가 여기에서 강조하고 싶은 것은 중앙은행이 TAF 프로그램을 통해 금융기업들에게 제공한 유동성이 '매주 평균 잔액' 기준으로는 그렇게 크지 않지만 대출과 회수를 반복한 금액을 합하면 거대한 금액이 된다는 것입니다. 예컨대 〈그림 5-6〉에서 보면 TAF의 수치가 가장 거대한 주의 평균 잔액은 5,000억 달러에 불과하지만, TAF의 면적은 수십 조 달러에 달하는 모습으로써, 예금기관이 중앙은행으로부터 이른바 구제금융을 수십 조 달러만큼 받았다는 것을 알 수 있습니다.

B. 재무부 증권 거래업자를 지원하는 프로그램

2008년 3월 증권 거래업자들의 자금조달시장인 환매시장(repo market)에서는 유동성 사정이 매우 나빠, 초과 담보율(초과 담보액/자금 차입액)이 너무나 높았습니다. 환매는 사실상 증권 담보대출로서 기능하는데, 증권 거래업자들이 환매시장에서 자금을 차입하지 못한다면, 그들은 증권들을 투매하지 않을 수 없습니다. 베어스턴스가 2008년 3월 13일 바로 이런 상황에 빠졌고, 중앙은행이 JP모건체이스Morgan Chase를 통해 베어스턴스에 자금을 공급하지 않았더라면 베어스턴스는 파산했을 것입니다.

베어스턴스 사태가 벌어지고 있던 시기에 중앙은행은 '국채거래업자 신용기금' PDCF(Primary Dealer Credit Facility)를 2008년 3월 창설하여, 재무부 증권 거래업자들(primary dealers) — 재무부 증권을 중앙은행과 매매하는 증권업자들 — 에게 투자 적격 증권을 담보로 하룻밤 재할인 창구 대출을 행했습니다. 이것은 예금기관들에게 행하는 재할인 창구 대출과 비슷했으며, 2010년 2월까지 운영했습니다.

또한 중앙은행은 증권 거래업자들을 위해 TAF와 같은 프로그램인 '기간증권 대출기금' TSLF(Term Securities Lending Facility)를 2008년

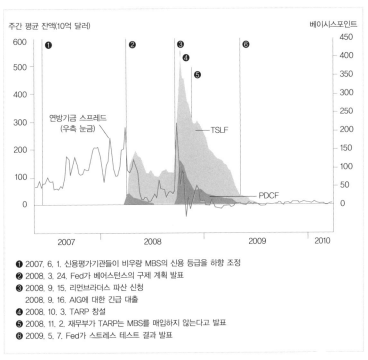

주간 평균 잔액(10억 달러)　　　　　　　　　　　　　　　　　　베이시스포인트

연방기금 스프레드
(우측 눈금)

TSLF

PDCF

❶ 2007. 6. 1. 신용평가기관들이 비우량 MBS의 신용 등급을 하향 조정
❷ 2008. 3. 24. Fed가 베어스턴스의 구제 계획 발표
❸ 2008. 9. 15. 리먼브라더스 파산 신청
　　2008. 9. 16. AIG에 대한 긴급 대출
❹ 2008. 10. 3. TARP 창설
❺ 2008. 11. 2. 재무부가 TARP는 MBS를 매입하지 않는다고 발표
❻ 2009. 5. 7. Fed가 스트레스 테스트 결과 발표

출처: Willardson & Pederson(2010)

〈그림 5-7〉 국채 거래업자에 대한 대출

3월 창설하여, 증권업자들에게 2,000억 달러의 재무부 증권(위험이 없는 증권)을 28일간 ― 하룻밤이 아니라 ― 대출했습니다. 이것도 2010년 2월까지 운영되었습니다.

　〈그림 5-7〉은 재무부 증권 거래업자들에게 대출한 금액의 매주 평균 잔액을 보여 주고 있습니다. 환매시장 금리는 연방기금 금리를 따

르고 있으므로 환매시장의 자금 사정은 연방기금 금리와 재무부 증권 금리 사이의 차이(spread)인 연방기금 스프레드를 보면 알 수 있는데, 이 금리 차이가 커질수록 환매시장의 자금 사정이 나빠진 것입니다.

C. 상업어음시장과 화폐시장을 지원하는 프로그램

금융 사정이 악화되고 각종 시장에 대한 신뢰가 낮아짐에 따라, 증권 특히 자산 담보 증권(ABS)에 대한 투자자의 신뢰도 떨어졌습니다. 이리하여 다수의 투자자들이 각종 펀드에 투자한 돈을 회수하기 시작했으며, 화폐시장 뮤추얼펀드(MMMF)는 이 회수 요구를 충족시키기 위해 자산을 팔려고 했으므로 단기채무시장에는 유동성이 크게 부족해졌습니다. 나아가서 화폐시장 뮤추얼펀드와 기타 투자자들이 상업어음, 특히 장기의 상업어음을 매입하기를 꺼리게 되었으므로, 상업어음시장에도 유동성 부족이 심각해졌습니다.

〈그림 5-8〉에서 보는 바와 같이, 중앙은행은 '자산 담보 상업어음의 매입을 통한 화폐시장 뮤추얼펀드 유동성 공급 기금'인 AMLF(ABCP MMMF Liquidity Facility)를 2008년 9월 창설하여, 미국의 예금기관과 은행지주회사 및 해외 은행의 미국 지사에게 재할인율로 대출을 행함으로써, MMMF로부터 높은 등급의 ABCP(자산 담보 상업어음)를 구매하도록 촉진했습니다. 이것은 2010년 2월까지 운영했습니다.

또한 2008년 10월에는 '상업어음 매입기금'인 CPFF(Commercial Paper Funding Facility)를 창설하여, 민간 부문의 특별목적회사(또는 '구조화된 투자회사')가 3개월 상업어음(무담보이거나 자산 담보이거나에 상관없이)을 발행자

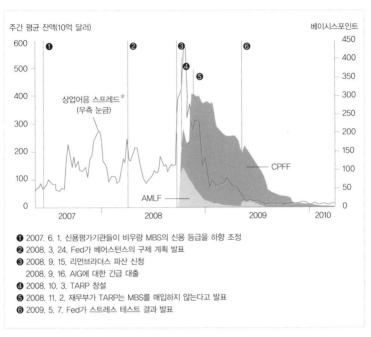

주간 평균 잔액(10억 달러)   베이시스포인트

❶ 2007. 6. 1. 신용평가기관들이 비우량 MBS의 신용 등급을 하향 조정
❷ 2008. 3. 24. Fed가 베어스턴스의 구제 계획 발표
❸ 2008. 9. 15. 리먼브라더스 파산 신청
　　2008. 9. 16. AIG에 대한 긴급 대출
❹ 2008. 10. 3. TARP 창설
❺ 2008. 11. 2. 재무부가 TARP는 MBS를 매입하지 않는다고 발표
❻ 2009. 5. 7. Fed가 스트레스 테스트 결과 발표

출처: Willardson & Pederson(2010)

〈그림 5-8〉 상업어음시장과 화폐시장에 대한 자금 공급

로부터 직접 매입하는 것에 2010년 2월까지 자금을 지원했습니다. 그리고 2008년 10월에는 적격 어음 구매를 지원하기 위해 '화폐시장 투자자기금'인 MMIFF(Money Market Investor Funding Facility)를 창설했으나 이것은 2009년 10월까지 한 번도 사용되지 않은 채 종결되었습니다.

＊ 상업어음 스프레드＝상업어음 금리－재무부 증권금리

D. 광범한 시장 참가자를 지원하는 프로그램

'기간자산담보증권 대출기금' TALF(Term Asset-Backed Securities Loan Facility)는 2008년 11월에 창설되었습니다. 이것은 최근에 새로 개시된 소비자 대출(학자금 대출, 자동차 대출, 신용카드 대출)과 소기업 대출에 근거한 AAA등급의 자산 담보 증권(ABS) 소유자에게 뉴욕 연방은행이 2,000억 달러까지 대출하는 제도로서, ABS 발행을 지원함으로써 가계와 소기업에게 신용을 제공하여 경제활동을 촉진하는 것을 목적으로 삼았습니다. 2009년 5월에 TALF는 범위를 넓혀 상업용 부동산 MBS도 포함하게 되었으며, 이는 2010년 6월까지 운영되었습니다.

외국 중앙은행들과의 스왑swap 프로그램은 2008년 12월 최고 수준인 6,000억 달러에 달했으며, 2010년 2월에 거래가 종결되었습니다.

위 A~D의 특별한 유동성 프로그램들로 말미암아 중앙은행이 입은 손실은 없었으며, 다수의 프로그램은 상당한 이익을 보아 중앙은행의 경비를 충당한 뒤 나머지를 재무부에 넘겼습니다. 스왑 프로그램도 외환 위험이나 신용 위험을 지지는 않았습니다.

E. 특수 기업에 대한 대출: 베어스턴스와 AIG

베어스턴스가 유동성이 부족해 파산 위기에 있을 때, 중앙은행이 JP모건체이스의 베어스턴스 인수를 돕기 위해 290억 달러를 대출해 주었습니다. 이 돈은 중앙은행의 특별목적회사인 메이든레인 제1유한책임회사(Maiden Lane I LLC)를 통해 대출되었고, 이 회사는 대출의 담보로 베어스턴스의 자산을 가지고 있습니다. JP모건체이스는 베어스턴스의 자산 매각에서 중앙은행이 입을 손해 중 10억 달러를 자신이 담당하기로 했습니다.

2008년 3월 17일 베어스턴스는 주식 한 장당 2달러로 JP모건체이스에 매각되기로 했으나,* JP모건체이스는 베어스턴스의 주주들이 매각을 거부할 것 같아 23일에는 한 주당 10달러를 주기로 했습니다. 또한 베어스턴스의 정리 과정에서 처음의 손실 10억 달러는 JP모건체이스가 부담하고, 그다음의 손실 중 290억 달러까지는 미국의 중앙은행이 보상해 주기로 했습니다.

베어스턴스에 중앙은행이 구제금융을 제공한 일은 "시장에 맡기라"는 신자유주의 정신에 정면으로 도전하는 것이어서 미국 국민과 세계 금융계를 놀라게 했습니다. 그러나 금융과두제가 지배하는 미국에서 '금융계의 손실은 사회의 손실'이라는 이데올로기를 만들어 내기는 그렇게 어렵지 않았습니다. "이익이 날 때는 금융계가 이익을 모두 가져가고, 손실이 날 때는 국민의 혈세로 메운다"는 금융과두제의 원칙이 그대로 관철된 것입니다.

AIG는 모기지 담보 증권(MBS)과 채권 파산 보험(CDS)의 제조 및 판매에 종사했는데, MBS의 가격 폭락과 CDS에 따른 보험금 지급 관

---

* 2달러를 제시한 것은 재무부 장관 폴슨H. Paulson으로, 정부의 구제금융에 의해 주주들이 이익을 취해서는 안 된다는 것을 보이기 위한 것이었습니다.

계로 파산 위기에 처했습니다. 중앙은행은 AIG에 긴급 구제금융을 제공하는 대가로 주식 79.9%와 ABS를 이전받았으며, 이것은 각각 특별목적회사인 메이든레인 제2와 제3유한책임회사(Maiden Lane II·III LLC)가 가지고 있습니다.

중앙은행의 대차대조표

금융위기와 금융공황에 즈음하여 창설된 유동성 공급 프로그램은 이제 모두 종결되었고, 중앙은행의 대차대조표에 남아 있는 금융공황의 유산들은 AIG와 베어스턴스 및 TALF와 관련된 것, 연방 정부기관의 채무, 연방 정부 보증 증권들뿐입니다.

중앙은행은 위에서 언급한 지원 프로그램 A~E의 금융 내역을 자세히 발표하지 않고 있었는데, 2010년 7월에 공포된 '도드-프랭크 월가 개혁과 소비자 보호를 위한 법'(제6장에서 논의합니다)에 따라 2010년 12월 1일에는 2007년 12월~2010년 7월의 금융거래 2만 1,000건에 대해 자세하게 보고하게 되었습니다. 이 보고서에 따르면, 어느 한 시점의 총 대출 잔액은 3조 3,000억 달러였으며, '기간 자금 경매기금'(TAF)과 '국채거래업자 신용기금'(PDCF)에서 대출한 것만도 거의 13조 달러에 달했습니다. 다시 말해 중앙은행이 매일매일 금융기업들에게 자금을 지원하지 않았더라면, 미국의 금융기업들은 모두 파산하지 않을 수 없었다는 이야기입니다. 이에 비하면 재무부가 2008년 10월의 '2008년도 긴급 경제안정법'에 따라 금융기업들의 주식을 매입하면서 이들에게 2,500억 달러의 자금을 지원한 것은

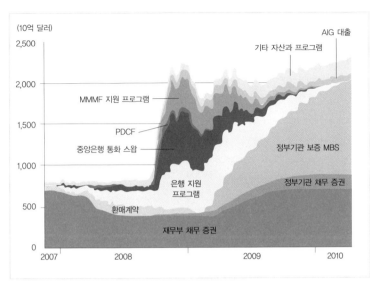

(10억 달러)

AIG 대출

기타 자산과 프로그램

MMMF 지원 프로그램

PDCF

중앙은행 통화 스왑

정부기관 보증 MBS

은행 지원
프로그램

정부기관 채무 증권

환매계약

재무부 채무 증권

출처: Willardson & Pederson(2010)

〈그림 5-9〉 미국 중앙은행의 자산

아무 것도 아닌 금액입니다. 그러니까 2,500억 달러를 상환했다고 금융기업들이 이제는 정부의 간섭을 받지 않겠다고 선언하는 것은 철면피의 짓이라고 볼 수밖에 없습니다.

중앙은행의 자산 규모는 〈그림 5-9〉에서 보는 바와 같이 2010년 1/4분기 말(3월 말) 현재 2조 3,000억 달러로, 2007년 12월의 8,000억 달러에 비해 크게 증가했습니다. 현재 중앙은행의 증권 보유 양상은 두 가지 특징을 가집니다. 첫째는 규모가 매우 크다는 점입니다. 중앙은행이 보유한 증권에는 1조 1,000억 달러의 정부기관 보증 MBS(대

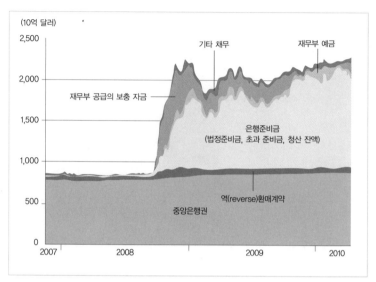

(10억 달러)

기타 채무

재무부 예금

재무부 공급의 보충 자금

은행준비금
(법정준비금, 초과 준비금, 청산 잔액)

역(reverse)환매계약

중앙은행권

출처: Willardson & Pederson(2010)

〈그림 5-10〉 미국 중앙은행의 채무

부분 패니메이와 프레디맥이 발행한 것)와 1,700억 달러의 정부기관 채무 증권이 있는데, 이 두 가지는 현재 중앙은행 총자산의 50% 이상을 차지하지만 금융위기 이전에는 극히 비율이 미미했습니다. 둘째는 이 보유 증권들은 재무부 증권과 마찬가지로 정부가 보증하고 있으므로 채무불이행의 위험은 없습니다.

한편 중앙은행의 채무는 〈그림 5-10〉에서 보는 바와 같이, 달러 은행권 발행액과 은행준비금(법정준비금, 초과 준비금, 청산 잔액)이 거의 대부분을 차지합니다. 은행준비금이 2008년 8월의 100억 달러에서

2010년 2월의 1조 2,000억 달러로 크게 증가한 것은 2008년 10월부터 중앙은행이 은행준비금에 대해 이자를 지급하기 때문입니다.

중앙은행이 제공한 긴급 구제금융의 규모

2010년 12월 1일 미국 중앙은행은 이번 금융위기에 대처하기 위해 금융기업에 제공한 2만 1,000건의 대출 내역을 공개했습니다. 비영리 조사 보도 온라인 매체인 『프로퍼블리카』ProPublica는 이 대출 내역 중 상업은행에 긴급 대출한 '기간자금 경매기금' TAF, 투자은행과 기타 브로커-딜러에게 긴급 대출한 '국채거래업자 신용기금' PDCF, 그리고 증권 거래업자를 위한 '기간증권 대출기금' TSLF 등 세 가지 기금의 대출 자료를 자세히 제공하고 있습니다.[18] 이 자료를 보면 각 금융기업이 각각의 기금별로 차입한 건수와 누적 금액을 알수 있으며, 위의 세 가지 기금으로 중앙은행이 공급한 대출 총액을 알수 있습니다. 이 세 기금을 통한 금융기업의 차입 규모를 살펴보면 누적 금액 순서대로 시티그룹이 2조 4,279억 달러, 메릴린치 2조 2,356억 달러, 모건스탠리 2조 142억 달러, 베어스턴스 9,621억 달러, 뱅크오브아메리카 9,312억 달러, 골드먼삭스 7,823억 달러 등이었으며, 전체 금융기업이 세 기금을 통해 차입한 누적 총액은 14조 7,747억 달러라는 엄청난 규모였습니다.* 그리고 위의 6개 금융기

---

* TARP 특별감사관 닐 바로프스키Neil Barofsky는 2009년 7월 20일 긴급 구제금융의 규모가 23조 7,000억 달러에 달할 수 있다고 주장한 바 있습니다. 중앙은행이 투입할 자금이 6조 8,000억 달러, 예금보험공사(FDIC)가 투입할 자금이 2조 3,000억 달러, TARP와 기타 프로그

업이 차입한 것이 총액 가운데 63%를 차지했습니다. 긴급 구제금융의 규모를 파악할 때는, 눈에 띄지 않는 중앙은행의 역할을 중시해야할 것입니다.

램을 통해 재무부가 투입할 자금이 7조 4,000억 달러, 패니메이와 프레디맥 등을 위한 연방 지원금이 7조 2,000억 달러에 달하리라는 것이었습니다.("美 구제금융 자금규모 23.7조弗 달할 수도", 『아시아경제』 2009년 7월 21일자 기사)

6장

—

2008년 9월 이후의 세계대공황

1. 리먼브라더스의 파산과 AIG의 국유화

중앙은행이 여러 가지 방법으로 유동성을 대규모로 공급했지만, 이 유동성은 금융기업들 사이에서도 순환하지 않았을 뿐 아니라 가계와 기업에게는 전혀 이르지도 못했습니다. 상대방 금융기업에 대한 불신과 경제 전체에 대한 비관적 전망으로 말미암아, 대규모로 공급된 유동성은 금융기업 안에서 잠자고 있었습니다. 이런 상황에서 2008년 9월 15일, 6,000억 달러의 자산과 2만 5,000명의 종업원을 가진 미국 4위의 투자은행 리먼브라더스(Lehman Brothers Holdings Incorporated)가 비우량 모기지 시장에서 거대한 손실을 입어 파산 보호 신청 ─ 미국 역사상 최대의 파산 보호 신청 ─ 을 하게 되었습니다.

리먼브라더스(이하 '리먼')는 재무부와 중앙은행에게 자기도 베어스턴스처럼 구제해 달라고 요청했지만, 거절당했습니다. 왜 리먼을 파산시켰는가에 대한 의문은 아직도 상당히 강하게 남아 있습니다. 이에 대한 정부 당국의 설명은 대체로 다음과 같은 뉘앙스를 띠고 있습니다. 첫째로 미국 정부는 리먼을 인수·관리할 권한이 없으며, 오직 할 수 있는 일은 누군가 리먼을 인수하는 것을 돕는 것뿐이라는 것입니다. 둘째로 베어스턴스의 긴급 구제를 보면서 대다수의 금융기업들이 과대한 위험을 감수해도 된다는 도덕적 해이에 빠질 수 있음을 걱정했다는 것입니다. 셋째로 리먼은 경영과 회계에서 투명성이 부족하다는 평가가 널리 퍼져 있었으므로, 금융계에 경고를 주기 위해 리먼을 파산시켰다는 것입니다. 넷째로 그 당시의 금융제도가 모두가 인식하는 것보다 훨씬 더 약화되어 있었으므로, 리먼이 긴급 구제되었다고 하더라도 금융공황은 폭발하지 않을 수 없었다는 것입니다.

그러나 리먼의 파산이 세계금융시장을 붕괴시킨 가장 큰 요인이었던 것은 사실입니다. 리먼이 발행했거나 보증한 증권들은 파산했고, 리먼은 자기가 보유한 증권들을 투매할 수밖에 없었기 때문에, 세계 금융계가 휘청거리게 되었던 것입니다. 투자자들은 은행 주식을 팔기 시작했고, 모기지 담보 증권 등을 투매하기 시작했습니다. 또한 리먼을 주된 브로커로 하여 투자하던 헤지펀드는 자기의 자금을 찾을 수 없게 되었고, 리먼이 발행한 상업어음은 큰 손실을 입어 몇몇의 화폐시장 펀드를 파산시켰습니다. 몇 시간 안에 정규적인 상업어음과 자산 담보 상업어음 시장의 자금이 말라 버렸고, 화폐시장 펀드 전체로부터 거대한 자금 인출이 일어났습니다. 은행들은 거래 상대방을 믿을 수 없어 여유 자금을 상대방에게 대출하지 않고 중앙은행에 미친 듯이 예금했습니다. 리먼 파산 뒤 닷새 동안 중앙은행의 은행준비금은 2배 이상 증가했고, 중앙은행으로부터의 은행 차입은 급증했습니다. 이리하여 런던의 은행 간 대출금리인 'LIBOR' 중 가장 안전하다는 가장 짧은 만기의 대출금리가 두 배 상승했으며, 단기금리가 장기금리보다 높은 상황이 벌어졌습니다. 또한 LIBOR가 재무부증권 금리보다 훨씬 높게 치솟았습니다.

이리하여 미국 금융계의 가장 유명하고 특징적인 성격의 하나였던 5개 투자은행의 지배가 끝났습니다. 메릴린치는 리먼 파산 직전(9월 14일)에 뱅크오브아메리카Bank of America에 흡수되었고, 골드먼삭스와 모건스탠리는 9월 22일 은행지주회사로 변신했기 때문입니다.

세계 최대의 보험회사 AIG의 금융상품부는 채권 파산 보험 CDS를 4,000억 달러 이상 발행했는데, 리먼의 파산과 함께 이 회사가 거대한 보험금을 지급하게 되었다고 모두들 생각하게 됨에 따라, AIG는 단기자금을 조달할 수 없었습니다. AIG 사장은 뉴욕 연방준비은행의 가이트너 총재에게 AIG와 관련한 일련의 상황 — AIG가 수천억 달러의 보험증서(CDS)를 발행함으로써 월가의 금융기업들과 매우 밀접한 상호 관련을 맺고 있으며, 브로커회사들은 CDS를 다른 거래에 대한 보증 수단으로 사용하고 있으므로, 월가의 건강이 AIG의 건강에 달려있다는 사실 — 을 알아 달라고 애원했습니다. 더욱이 신용평가기관인 S&P(Standard & Poor's)나 무디스Moody's 중 하나가 AIG의 신용 등급을 한 단계 낮추면 AIG는 거래 은행에 추가적인 담보로 105억 달러를 더 넣어야 하고, 만약 두 기관 모두가 등급을 한 단계 낮추면 133억 달러를 더 넣어야 하기 때문에, AIG는 파산할 수밖에 없는 실정이었습니다.

정부는 리먼 사태 때와는 180도 달리 AIG를 국유화했습니다. 중앙은행이 2008년 9월 16일 850억 달러를 대출해 주고 재무부는

AIG 주식의 79.9%를 소유하게 된 것입니다. 이 850억 달러는 사실상 '계약금'에 불과했고, AIG는 그 뒤 더욱 큰돈을 요구했으며, 결국 1,700억 달러까지 투입하게 되었습니다. 그런데 AIG는 지원금의 1/4을 거대한 금융기업들—예컨대 골드먼삭스, 시티그룹, 뱅크오브아메리카, 모건스탠리, 도이체방크—에게 자기가 판 CDS의 보험금으로 지급했기 때문에, 국민의 혈세는 결국 거대한 금융기업들을 지원한 셈이 되었습니다.

2. 금융 개혁

2008년 9월의 사건들은 '위험 감수'(risk taking)가 시장이 인식한 것보다 훨씬 광범했다는 것과, 금융제도의 취약성이 대부분의 시장 참가자들이 상상한 것보다 훨씬 더 컸다는 것을 보여 주었습니다. 다시 말해 금융제도가 하나의 거대한 캐리트레이드carry-trade에 종사하고 있다는 것을 폭로한 것입니다. 캐리트레이드는 투자자가 낮은 이자율로 얻은 차입으로 높은 수익률의 자산을 매입하여 즉각적인 이익을 내는 것인데, 만약 높은 수익률의 자산이 더욱 큰 위험을 지니고 있다면 캐리트레이드는 매우 위험할 수도 있습니다. AIG의 채권 파산 보험(CDS)을 보면, AIG는 나중의 위험(파산)이 현실이 되기까지는 보험료를 받아 거대한 수익을 올릴 수 있었습니다. 그리고 금융기업의 보수(pay) 체계에 존재하는 '인센티브'는 금융기업 종사자로 하여금, 즉각적인 소득을 낳지만 금융제도를 거대한 위험에 내모는 금융거래들에 몰두하게 하는 것이었습니다. 이것은 1980년대의 개도국 외채위기에서도 폭로되었습니다. 1973년과 1979년의 석유 가격 폭등으로 거대한 석유 달러를 가지게 된 OPEC 국가들은 그중 상당한 부분을 선진국 은행에 예치했는데, 선진국 은행들은 그 예금을 대출하여 수익을 얻기 위해 대출처를 찾다가, 상대적으로 발전하고 있는 개도국들 — 브라질·멕시코·아르헨티나·한국 등 — 에게 집중적으로 대출하기로 결정했습니다. 그리하여 선진국의 A라는 임원은 예컨대 멕시코의 정부 및 기업 고위 인사들에게 뇌물까지 주며 대출을 성사시킴으로써 은행으로부터 보너스를 받고 승진하지만, 멕시코의 기업은 돈을 어디에 사용할 것인가를 결정하지 못한 상태에서 대출을 받았기 때문에 그 돈을 낭비하게 되어, 결국 외채를 갚지 못하는 식의 사태가 벌어진 것입니다. 1980년대의 개도국 외채위기는 선진국 은행 직원들의 단기적인 안목 — '뒷일은 될 대로 되라지!' — 에서 싹이 텄다고 보면 될 것입니다.

2008년 9월의 사건들은 또한 중앙은행이 거대한 유동성을 투입했는데도 불구하고 금융기업들이 자금을 퇴장하고 은행들끼리라도 대출하려고 하지 않는 것을 보여 주었습니다. 이런 상황에서 미국 정부가 어떻게 금융공황을 해소할 수 있겠습니까? 이에 따라 실물경제도 큰 타격을 입게 되었습니다. 2007년 12월에 시작된 미국의 경기후퇴는 제2차 세계대전의 종결 이후 가장 심각한 경제 축소를 야기했습니다. 미국 경제의 성장률은 2008년 3/4분기 및 4/4분기와 2009년 1/4분기에 연율로 각각 -1.3%, -5.4%와 -6.4%를 기록했으며, 실업률은 격증하여 2009년 10월에는 10%를 능가하게 되었습니다. 세계의 경제성장률도 2008년 4/4분기와 2009년 1/4분기에 연율로 각각 -6.4%와 -7.3%를 기록했습니다.

금융공황이 격렬한 경제 축소를 야기한 것은 정부의 화폐 정책이 효과가 없었다는 것을 가리킵니다. 경제의 축소와 팽창적인 화폐 정책 때문에 재무부 증권의 금리는 떨어졌는데도 가계의 소비와 기업의 투자를 결정할 금리는 올라감으로써, 소비와 투자를 포함하는 총수요가 오히려 줄어든 것입니다. 그리고 금융공황이 자산의 가격을 저하시키고 이에 따라 자산의 담보 가치를 저하시킴으로써, 상공업 기업은 자금을 차입하기가 어렵게 되었습니다. 또한 금융기업의 대차대조표 악화는 대출을 축소시켜 사회의 지출을 감소하게 만들었습니다.

세계의 금융계에 강요했던 미국식 투자은행 모델은 완전히 붕괴했습니다. 이 무너진 부스러기로부터 겸업은행(이른바 '은행지주회사')에 기반을 둔 금융제도가 다시 살아나는 것 같습니다. 투자은행이 이것을 선호하는 이유는 정부 지원을 받을 수 있고 중앙은행의 할인창구를 이용할 수 있다는 점 때문입니다. 2008년 10월 3일 하원을 통과하고 부시 대통령이 서명한 '2008년도 긴급 경제안정법'의 금융기업 자본 보충 프로그램에 따라 2008년 10월 100억 달러의 우선주를 재무부에 팔았던 골드먼삭스(2008년 9월에 은행지주회사가 됨)는 2009년 상반기에 52억 달러의 이윤을 기록하여, 6월에 재무부로부터 우선주를 도로 매입함으로써 자본 보충 자금 100억 달러를 상환했습니다. 정부와 납세자가 골드먼삭스의 영업을 명시적으로는 아니지만 묵시적으로 보증하고 있을 때, 골드먼삭스는 거대한 이윤을 낳기 위한 위험 감수를 이전처럼 계속한 것입니다. 사실상 2009년 2/4분기에 골드먼삭스가 소유한 '위험에 처한 가치'(value at risk)는 하루에 2억 4,500만 달러나 되어(1년 전에는 1억 8,400만 달러였음) 사상 최고치에 달했습니다.

연방예금보험공사(FDIC)의 발표에 따르면, '문제 은행'의 수는 2008년 9월 말의 171개(자산 가치 1,160억 달러)에서부터 시작하여 계속 증가했습니다. 2008년 말에는 252개(자산 가치 1,590억 달러), 2009년 3월 말에는 305개(자산 가치 2,200억 달러), 2009년 12월 말에는 702개(자산 가치 4,028억 달러)로 상당히 빠르게 늘어났습니다.

그런데 아직까지 거대한 금융기업들의 채무에 관한 엄격한 제한, 무책임한 위험을 권장하는 보수(pay) 체계의 개혁, 풍문 퍼뜨리는 사람들과 증권시장·파생상품시장의 조작자들에 대한 단속 등 금융 규제에 관한 논의는 나오지도 않았습니다. 또 모기지 대출의 개시, 모기지 대출에 근거한 모기지 담보 증권의 발행, 모기지 담보 증권의 유통 등을 분리하여 금융제도를 혼란스럽게 한 핵심적 약점에 대해 어떤 개혁도 논의되지 않았습니다. 더욱이 개인의 모기지 채무불이행과 파산, 주택의 압류와 경매에 따라 주택을 잃은 사람들의 구제, 대중을 위한 신용시장의 자금 경색, 실업자와 빈곤 등의 문제는 전혀 논의되지도 않고 있습니다.

2009년 12월 2일, 월가의 개혁과 소비자 보호를 위한 법안이 하원의 프랭크B. Frank 의원과 상원의 도드C. Dodd 의원에 의해 발의되어, 2010년에 하원과 상원에서 논의·수정된 뒤 7월 15일에 이르러 하원과 상원을 통과하였고, 7월 21일에는 오바마 대통령이 이에 서명하였습니다. 이 법의 공식 명칭은 '도드-프랭크 월가 개혁과 소비자 보호를 위한 법'(Dodd-Frank Wall Street Reform and Consumer Protection Act)이지만, 원래의 완전한 명칭은 '금융제도의 책임성과 투명성을 개선하여 미국의 금융 안정을 도모하고, '대마불사'大馬不死를 끝내며, 구제금융을 없애서 미국 납세자를 보호하며, 수탈적인 금융 서비스 관행으로부터 소비자를 보호하는 법'입니다.

이 법의 주요 내용은 다음과 같습니다.*

(1) 금융 안정을 도모하기 위해 '금융안정 감독위원회'와 '금융조사처'를 신설합니다. (2) 정부는 이전에는 금융기업이 파산하는 것을 그대로 두거나 긴급 구제하는 두 가지 선택밖에 할 수 없었는데, 이제는 금융기업에 대해 '청산 권한'을 가지게 되었으며, 필요하면 인수할 수도 있게 됩니다. (3) 은행은 헤지펀드나 사모펀드에 자기 자본의 3% 이상을 투자할 수 없으며, 은행은 직·간접적으로 투자하고 있는 펀드와는 자기 고유 계정에 의한 거래를 할 수 없습니다. (4) 장외에서 거래되는 채권 파산 보험 등 신용 파생 상품은 증권거래소를 통해 거래되어야 합니다. (5) 모기지 대출·자동차 대출·학자금 대출·신용카드 대출 등 자산을 담보로 증권을 만드는 과정을 개선해야 합니다. (6) 중앙은행 안에 '소비자 금융보호국'을 신설합니다. (7) 저소득층이 주류 금융기관을 이용할 수 있도록 인센티브를 줍니다. (8) 모기지 대출 신청 모집인은 신청자가 원리금을 상환

---

* 총 16개 조항을 가진 이 법의 내용 가운데 이 글에서 다루고 있는 금융위기 및 공황과 관련되는 것만을 간추렸습니다.

할 수 있는지를 확인해야 하고, 모기지 대출 회사는 모집인에게 보수를 줄 때 오직 대출 원금의 크기만을 고려해야 하며 이자율이나 기타 대출 조건의 차이에 따라 보수를 달리해서는 안 됩니다. (9) 또한 모기지 대출의 전국적인 적격 기준 또는 인수 기준을 확실히 세워야 합니다. (10) '2008년도 긴급 경제안정법'을 수정하여 '부실자산 구제 프로그램' TARP의 가용 자원을 2,250억 달러 삭감해야 합니다.

이 법은 1930년대의 금융 개혁 이래 가장 야심적이고 포괄적이라는 평가를 받고 있지만, 더욱 자세한 내용들이 앞으로 더 입법되어야 할 것입니다. 그런데 2010년 11월의 중간선거로 공화당이 하원을 장악하게 되고, 오바마 정부가 친기업적인 태도를 더욱 분명히 밝혔으며, 2011년 1월 27일 금융공황 조사위원회(FCIC) — 오바마 정부가 2008년의 금융 붕괴의 원인을 찾으라고 세운 위원회 — 가 발표한 633쪽짜리 보고서가 "금융 붕괴는 책임성과 윤리의 체계적 붕괴 때문이었다"라는 결론을 내리면서도 사기나 부정 등 범죄적인 행위로 기소할 기관이나 개인이 없다고 말한 상황에서, 이 개혁법이 제대로 전개되지는 못할 것 같습니다.

3. 금융기업 구제와 경제 회복을 위한 재정 정책

미국 재무부는 2008년 9월 20일 금융기업의 문제 자산(troubled assets, 즉 유독 자산 또는 부실 자산)을 매입할 수 있게 하는 구제금융 법안(TARP)을 의회에 제출했는데, 9월 29일 미국 하원은 재무부가 제출한 TARP를 거부했습니다.* 그 뒤 몇 가지 사항 ─ 다수의 조세 감면 조치, 그리고 연방예금보험공사가 지급보증하는 개인예금의 금액을 10만 달러에서 25만 달러로 상향 조정 ─ 이 상원에서 추가되면서, 10월 3일 하원은 TARP를 포함하는 7,000억 달러 규모의 '2008년도 긴급 경제안정법'(Emergency Economic Stabilization Act of 2008)을 승인했고, 부시 대통령이 이에 서명했습니다. TARP는 처음에는 금융기업의 대차대조표를 보강하기 위해 비우량 모기지 담보 증권(MBS)을 매입하려고 계획했는데, 이들 증권의 가격에 대해 금융기업들과 합의하는 것이 거의 불가능했기 때문에, 문제 자산을 매입할 수가 없었습니다. 따라서 재무부는 TARP 자금을 금융기업의 자본으로 투입하

---

* 법안이 228:205로 부결된 이날 다우존스 평균주가는 7%(777.68포인트) 하락했는데, 이것은 하루의 하락폭으로서는 역사상 최대치였습니다.

는 사업에 열중했으며, 그 밖에는 자동차 산업의 구조 조정을 위해 자금의 일부를 사용했습니다.

이번 금융공황과 경제공황을 완화하기 위한 '긴급 구제금융'에 미국 재무부가 납세자의 돈으로 사용한 금액은 2011년 6월 20일 현재 5,730억 달러에 달합니다.[19] 이 금액은 위에서 말한 TARP 자금과, 국책 모기지 회사인 패니메이와 프레디맥에 대한 지원금을 합한 것입니다. TARP의 자금 규모는 2010년 7월 오바마가 서명한 도드-프랭크 금융개혁법에 의해 2,250억 달러가 감축되어 4,750억 달러가 되었고, 패니메이와 프레디맥에 대한 지원은 두 국책회사가 국유화되었기 때문에 한도가 없는 실정입니다.

총 5,730억 달러의 긴급 구제금융이 지급된 항목과 액수는 다음과 같습니다. (1) 은행과 기타 금융기업의 주식 구입 등에 총액의 42.8%인 2,450억 달러 (2) 패니메이와 프레디맥에 대한 지원에 총액의 28.3%인 1,620억 달러 (3) GM과 크라이슬러 등 자동차회사 지원에 총액의 13.9%인 800억 달러 (4) 보험회사 AIG 지원에 총액의 11.8%인 680억 달러 (5) 부실자산 매입에 총액의 2.8%인 160억 달러가 지급되었습니다. 그 외에 (6) 모기지 원리금 상환 조건의 수정 프로그램에 13억 달러 (7) 국가 주택 프로그램에 4억 달러 (8) 중소기업 대출 지원에 4억 달러 (9) 연방주택청(FHA) 재금융 프로그램에 5천만 달러가 지급되었습니다. 한편 재무부는 2011년 6월 20일 현재 원금 상환액 2,710억 달러와 수익금(배당, 이자, 주식 매입 보증서 판매, 기타 자산 매각 등에 의한 수익)으로 610억 달러, 합계 3,320억 달러를 받아

들였으므로, 지급총액 5,730억 달러 중 42.1%를 회수한 셈입니다. TARP 자금은 4,750억 달러 중 4,110억 달러가 926개 금융기업 등에 투자되거나 대출되었는데, 그 가운데 116개 수령자가 모든 금액을 이미 상환했습니다. 대부분의 은행들은 지원 자금에 대한 이자 부담을 피하기 위해, 그리고 지원에 따른 규제(예컨대 경영진의 보수에 대한 규제)를 벗어나기 위해 원금을 될수록 빨리 상환했습니다. 금융기업이 받은 TARP 자금 규모는 보험회사 AIG 680억 달러(150억 달러만 상환함), 뱅크오브아메리카 450억 달러, 시티그룹 450억 달러, JP모건체이스 250억 달러, 웰스파고 250억 달러, 골드먼삭스 100억 달러, 모건스탠리 100억 달러 등인데, 이 7개 금융기업이 TARP 지급총액 4,110억 달러의 55%를 차지했습니다. 이것은 월가의 과두 지배를 분명히 보여 줍니다. 한편 패니메이와 프레디맥은 재무부로부터 1,620억 달러를 지원받았으나 한 푼도 상환하지 못했고, 배당으로 240억 달러를 재무부에 지급한 상태입니다.

오바마 정부는 2009년 2월 17일 '2009년도 미국 회복·재투자법'(American Recovery and Reinvestment Act of 2009)을 제정했는데, 이 법은 총 7,870억 달러 규모로서 2,880억 달러의 감세와 4,990억 달러의 정부 지출 증가로 구성되어 있었습니다. 그러나 아직까지 주택 압류와 경매에 따른 주택 상실자 문제, 실업자 문제, 인민대중의 빈곤 문제, 지방 정부의 예산 부족 문제 등에 대한 구체적인 대책은 전혀 나오지 않고 있습니다.

오바마 정부가 실행한 유일한 산업 정책은 자동차회사 GM의 구조 조정이었으므로, 이것을 잠깐 살펴보겠습니다.

미국 정부는 자동차 산업을 구조 조정(또는 재편)하기 위해 TARP 자금으로 GM에 총 495억 달러를 투자하면서 2009년 6월 8일 옛 GM을 파산시켰고, 수익성이 없는 공장이나 제도는 모두 버리고 수익성이 있는 것만 추려 7월 10일에 출범하는 새 GM에 이전시켰습니다. 이 구조 조정의 핵심 중 하나는 수익성이 없는 공장을 폐쇄하여 종업원을 대규모로 해고시키고, 종업원에 대한 보수를 삭감하고, 퇴직자의 연금과 건강 급여에 관한 제도를 변경하는 것이었습니다. 새 GM은 노동조합인 UAW(United Auto Workers)로부터 큰 양보를 받아 내어, 현재 일하고 있는 정규 노동자에게는 시간당 28달러의 임금을 주되 새로 고용되는 노동자에게는 시간당 14달러를 주기로 합의했습니다. 그리고 옛 GM이 50만 명의 퇴직자(및 퇴직자가 죽은 뒤에는 그 배우자)에게 직접 주고 있던 연금과 건강 급여 — 이 제도는 GM이 세계 자동차 산업을 지배할 동안 노동조합이 투쟁을 통해 쟁취한 것입니다 — 는 사라지게 되었습니다. 새 GM은 노동조합이 세운 '자발적인 종업원 수익자 연합' VEBA(Voluntary Employees' Beneficiary Association)에게 일정한 금액을 한 뭉치로 주어 퇴직자의 연금과 건강 급여를 해결하게 했습니다. 새 GM이 VEBA에게 주기로 합의한 것은 25억 달러의 약속어음*과 새 GM의 이자율 9%인 우선주 65억 달러 및 보통주 17.5%(추가로 2.5%를 구입할 수 있다는 조건이 붙어 있음)입니다. 이것으로는

---

* 이는 옛 GM이 VEBA에게 빚진 것으로서, 2017년까지 세 번에 걸쳐 지불된다고 합니다.

연금과 건강 급여 수준이 이전에 받던 것의 반에도 미치지 못한다고 합니다.

2010년 새 GM은 2004년 이래 처음으로 흑자를 내게 되었으며, 2010년 11월에는 1주당 33달러, 총 230억 달러의 주식을 뉴욕과 토론토의 증권거래소에 상장했습니다. 재무부는 새 GM의 보통주 상장으로 135억 달러의 투자를 회수했고, 12월에는 새 GM이 재무부가 가진 우선주 29억 달러를 매입했으므로, 이제 재무부가 가진 것은 새 GM의 보통주 33.3% ─ 처음 투자할 때는 60.8%를 소유했습니다 ─ 뿐입니다.

4. 긴급 구제금융의 문제점

미국 중앙은행의 전직 의장인 그린스펀A. Greenspan과 현재 의장 버냉키, 그리고 부시 정부의 재무부 장관인 폴슨 등은 통화주의자 프리드먼M. Friedman(1912~2006)의 제자로서, 더욱 많은 돈을 금융제도에 부어 넣으면 금융제도를 수리할 수 있을 뿐만 아니라 경제 전체를 인상된 물가수준 상태로 안정시킬 수 있다고 믿었습니다. '신용경색'이 대공황의 원인이므로 '신용팽창'이 대공황의 해결책이라는 것입니다. 이들의 목표는 은행에게 자본을 충분히 공급함으로써, 은행이 기업과 가계에게 충분한 대출을 제공하여 노동 인력과 완성품에 대한 수요를 증가시키는 것이었습니다. 그러나 정부와 중앙은행이 금융기업들에게 자본을 충분히 제공해도, 금융기업은 기업과 가계에 대한 대출을 증가시키지 않았고, 따라서 경제성장은 재개되지 않았습니다. 왜냐하면 공황의 원인이 그들이 생각한 신용경색이 아니었기 때문입니다.

자산 거품이 터진 위기 상황을 가장 잘 처리하는 방법*은, 역사의

---

* Ferguson & Johnson(2010) 참조.

교훈에 따르자면 첫째로 정부가 재무부와 중앙은행과는 독립적인 새로운 예산상의 특별전담기구(예컨대 뉴딜 정책 당시의 재건금융공사)를 신설하여, 금융제도의 전체 상황을 면밀히 조사한 뒤 전혀 회생 가능성이 없는 금융기업들을 청산하는 것입니다. 이 조치는 금융인들에게는 인기가 매우 없겠지만 납세자의 돈을 크게 절약할 수 있습니다. 둘째는 정부가 모든 문제 자산(또는 유독 자산)을 처분 전담 은행(bad bank)에 몰아넣고 유통시키지 않는 것입니다. 셋째로는 정부가 은행 자산을 현실적인 수준으로 감축한 뒤, 최소 적정 자본 필요액을 은행에 다시 공급하는 것입니다. 새로운 자기자본이 은행으로 하여금 위험을 감수하고 대출을 다시 할 수 있도록 여유를 주기 때문에, 거래 상대방에 대해 느끼는 위험이 사라질 것입니다. 그러나 여기에서 가장 중요한 조치는, 정부가 자본을 다시 공급하는 은행들로부터 주식(보통주나 우선주)이나 주식 구매 보증서(일정한 가격으로 주식을 구매할 수 있는 권리)를 받는 일입니다. 이 새로운 정부 소유 주식은 기존 주주들의 힘을 약화시킬 것인데, 이것은 기존의 주주들이 은행 부실에 책임을 지는 것과 같은 효과를 부여합니다. 은행이 회생하면, 정부는 주식을 팔아 거의 대부분의 비용을 회수할 수 있을 것입니다. **

그러나 부시와 오바마 대통령은 루스벨트 대통령이 한 것과 같은, 기존 금융엘리트의 이익에 대항하는 혁신적이고 진취적인 조치를

** 그렇지만 살려 낸 은행을 왜 또다시 금융귀족의 손에 돌려줍니까? 은행 등의 금융기관은 공공의 이익을 위하여 주민 모두가 소유하고 운영하는 공익사업체가 되어야만 금융위기와 경제공황이 다시 일어나지 않을 것입니다.

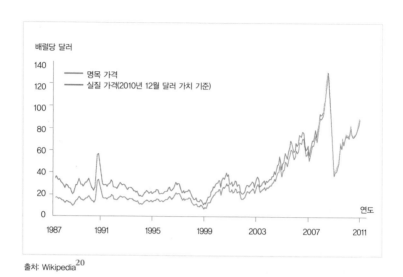

배럴당 달러

―― 명목 가격
―― 실질 가격(2010년 12월 달러 가치 기준)

연도

출처: Wikipedia[20]

〈그림 6-1〉석유 가격 추이 (월 평균 브랜트 현물 가격)

취할 수 없었습니다. 오히려 기존의 금융과두제가 자기의 이익을 옹호하기 위해 요구하는 조치들에 따라갈 뿐이었습니다. 여기에 이번 금융공황 대책의 근본적인 한계가 있었습니다. 예컨대 "너무 커서 파산하지 않는다"(too big to fail), 즉 대마불사大馬不死라는 경험적 사실은 바로 기득 권익을 보호한 일에서 비롯된 것입니다.

미국 정부와 중앙은행은 파산 위기에 빠진 금융회사들을 살리기 위해 수십 조 달러를 투입했습니다. 출자, 부실채권 매입, 자산 매입, 국유화, 중앙은행의 지원 금융,* 지급보증 등 온갖 방법이 동원되었는데, "모든 것을 시장에 맡기라"던 시장 만능주의자들(신자유주의자

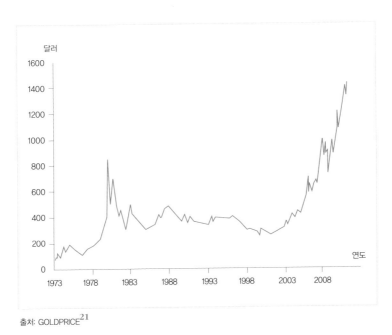

달러

출처: GOLDPRICE[21]

〈그림 6-2〉 금 가격 추이 (1온스당 미국 달러)

들)이 자기들의 이익을 옹호하기 위해 태도를 완전히 바꿔, "국민의 혈세를 지출하더라도 금융기업들을 살려야 국가이익이 증진된다"며 정부 개입을 강요한 것입니다. 결국 자기가 이익을 볼 때는 그 이

* 제6장에서 서술한 각종 지원 금융을 말합니다. 2010년 7월에 공포한 '도드-프랭크 월가 개혁과 소비자 보호를 위한 법'에 따라 12월 1일 중앙은행은 2007년 12월~2010년 7월에 행한 자금지원 거래 2만 1,000건을 자세하게 발표하지 않을 수 없었습니다. 어느 한 시점의 대출 잔액은 무려 3조 3,000억 달러였고, 총대출액은 수십 조에 달했습니다.

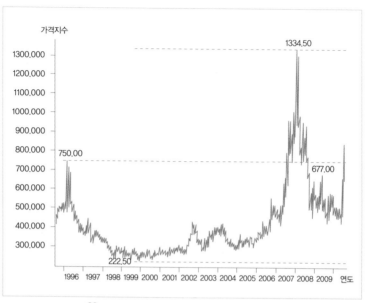

출처: The Market Oracle[22]

〈그림 6-3〉 밀 가격지수 추이

익을 완전히 자기 혼자의 것으로 즐기면서, 자기가 손실을 볼 때는
그 손실을 자기가 떠맡지 않고 사회 모두에게 전가시키는 '비윤리적
인 태도' 또는 '사기꾼의 태도'가 정치와 경제의 최고 상층부에서 만
연하고 있었던 셈입니다. 물론 그 연결 고리의 하나는 금융기업들이
정치인들에게 바치는 정치헌금이었습니다. 2008년 11월의 대통령
선거에서 민주당의 오바마 후보는 공화당의 매케인 후보보다 더 많
은 정치헌금을 월가로부터 받았습니다.

사실상 정부의 구제금융에 의해 몇몇의 큰 은행들은 다시 살아나서 큰 이윤을 얻고 있으며, 정부가 매입했던 은행 주식을 도로 매입함으로써 '금융 업무'에는 정부가 개입하지 말 것을 또다시 강조하고 있습니다. 금융기업을 규제하려는 법률이 금융기업들의 로비에 의해 미국 의회에서 제대로 통과되지 않고 있습니다. 금융기업들이 공적 자금을 받지 않고 은행 스스로 납부하는 '은행세'의 적립으로 파산 위기를 극복하는 법률안, 은행이 발행하고 거래하는 '파생 금융 상품'을 외부에 투명하게 공개하는 법률안, 은행의 이사들이나 경영자에게 지나친 거액 봉급을 주지 못하게 하는 법률안, 석유나 금이나 기타 원자재에 대한 투기를 규제하는 법률안 등이 그 예입니다.

　금융기업들은 0~0.25%의 싼 이자율로 중앙은행으로부터 자금을 빌려, 국채·회사채·주식이나 제1차 산품에 투기하고 안전한 상공업 기업에 대출하면서 막대한 이익을 얻고 있습니다. 석유에 투기하여 석유 가격을 배럴당 150달러까지 급등시켰고(〈그림 6-1〉 참조), 금에 투기하여 금 가격이 온스당 1,400달러까지 올라가게 했으며(〈그림 6-2〉 참조), 심지어는 인민대중의 주된 먹을거리인 밀·쌀·옥수수에도 투기하여 식료품의 가격을 폭등시키기도 했습니다.(〈그림 6-3〉 참조)

5. 국가 채무

　대규모의 긴급 구제금융과 경기 부양 정책에 의해 세출은 증가하는데 경제공황으로 세입은 격감하여, 선진국의 예산 적자와 국가 채무는 크게 증가하게 되었습니다.(〈표 6-1〉, 〈그림 6-4〉 참조)

　그런데 미국의 경우 국가 채무의 주요 구성 항목은 달러 지폐 발행액, 각종 만기의 국채인 재무부 증권 및 각종 채권 발행액, 주·지방 정부의 채권 발행액 등입니다. 정부의 각 기관이 상호 간에 보유한 국가 채무(예컨대 달러 지폐)가 거의 30%에 달하며, 나머지 70%를 내국인과 외국인이 가지고 있습니다. 〈그림 6-4〉에서 '공공채무'는 '총채무'에서 정부 각 기관이 상호 간에 보유한 국가 채무를 제외한 것입니다.

　지금 각국 정부가 안고 있는 채무의 대부분은 파산 상태의 금융기업들을 살리기 위해 지출한 공적 자금 때문에 생겨난 것입니다.* 그런데 국가 채무의 증가로 국가가 국채 등에 대한 채무이행을 하지 않

＊ 미국의 경우에는 이라크나 아프가니스탄에서 지출하는 전쟁 비용이 더 중요한 비중을 차지합니다.

〈표 6-1〉 각국의 국가 채무/GDP 비율(%)

	2007년도	2011년도 예측
오스트리아	62	82
프랑스	70	99
독일	65	85
그리스	104	130
아일랜드	28	93
이탈리아	112	130
일본	167	204
네덜란드	52	82
포르투갈	71	97
스페인	42	74
영국	47	94
미국	62	100
아시아 ❶	37	41
중부 유럽 ❷	23	29
라틴아메리카 ❸	41	35

❶ 중국, 홍콩, 인도, 인도네시아, 한국, 말레이시아, 필리핀, 싱가폴, 타이.
❷ 체코, 헝가리, 폴란드.
❸ 아르헨티나, 브라질, 칠레, 멕시코.

출처: Wikipedia[23]

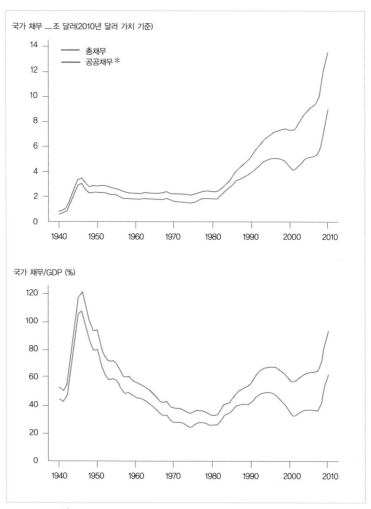

국가 채무 ─조 달러(2010년 달러 가치 기준)

- 총채무
- 공공채무*

국가 채무/GDP (%)

출처: Wikipedia²⁴

〈그림 6-4〉 미국 국가 채무와 국가 채무/GDP 비율

* '공공채무'는 '총채무' 중 국가기관이 상호 간에 보유하고 있는 채무(달러 지폐 등)를 뺀 것입니다.

을까 겁을 낸 국제 금융자본은 국가 채무가 큰 국가들이 발행하는 국채를 아예 매입하지 않거나, 국채 이자율을 크게 인상하지 않으면 국채를 매입하지 않겠다고 위협했고, 국가의 신용 등급을 하향 조정했습니다. 이리하여 각국 정부는 국가 채무를 축소하기 위해 힘없는 서민들에게 희생을 강요하고 있습니다. 공무원의 수를 줄이고 봉급 수준을 인하하며, 연금 급여액을 낮추고 연금 수령 연령을 올리며, 학교·병원·도로·철도 등 공공서비스를 줄이고 실업 급여를 줄이며 서민들의 생활과 관련이 큰 담배·술·생필품에 대한 세금을 올리고 있습니다. 이것에 대항하는 시위운동이 2010년 5월 이래 그리스·포르투갈·스페인·영국·프랑스 등에서 일어나고 있는 것입니다.

　유로Euro 통화 지역의 경상수지 적자국도 2008년 9월의 세계금융공황이 폭발하기 이전에는 재정 적자에 별로 신경 쓰지 않았습니다. 왜냐하면 유로 지역의 구성원이라는 신뢰성과 세계경제의 활황으로 말미암아 외국의 투기 자본이 부동산 부문과 금융 부문에 대규모로 유입했기 때문입니다. 아일랜드의 경우 예산 적자나 실업자가 거의 없었는데, 세계금융공황과 함께 부동산 부문과 금융 부문의 거품이 터지면서 외국자본은 떠나고 실업률은 2010년 초 14%에 달하게 되었습니다. 금융제도 전체가 붕괴할까 겁이 난 정부는 은행예금 총액 4,800억 유로(GDP 1,680억 유로의 3배)를 지급보증했고, 부실 은행에 자본을 투입하기 위해 주식과 부실 자산을 매입했습니다. 이리하여 예산 적자가 2009년 GDP의 14%에서 2010년에는 32%로 급증했고, EU(유럽연합)·ECB(유럽중앙은행)·IMF의 삼두마차로부터 긴축·내핍 정책 — 대중의 생활수준을 저하시키는 정책 — 을 받아들이는 조건으로 긴급 구제금융을 받게 되었습니다. 그런데 이 구제금융은 주로 만기가 된 아일랜드 국채(주로 독일·영국·프랑스·미국 등의 금융기업들이 소유함)를 상환하기 위한 것이었으며, EU와 IMF는 구제금융을 제공하면서 각각 6.05%와 5.7%라는 높은 금리를 요구했습니다. 아일랜드 국민들은 긴급 구제금융을 받는 것에 크게 반대했습니다. 결국 구제금융안은 하원에서 찬성 81표, 반대 75표로 겨우 통과되었는데, 2011년 3월에 실시된 총선에서 이긴 야당이 긴축·내핍 정책에 어떻게 대응할지가 의문입니다.

"왜 금융귀족과 부자의 세금을 올리지 않는가? 왜 금융기업에게 책임을 묻지 않는가?" 이것이 시위자들의 요구입니다. 그런데 기묘한 것은 이렇게 시위하면 할수록, 정부는 국제금융시장에서 자금을 차입할 때 그만큼 더 높은 이자율을 지급해야 한다는 점입니다. 그리스는 이전에는 독일과 마찬가지로 국제금융시장에서 4%로 자금을 빌릴 수 있었는데, 지금은 11%를 지급하더라도 자금을 차입하기 어렵습니다. 시위자들이 긴축 정책이나 내핍 정책을 반대하면, 국제 금융자본가들은 그 나라의 국가 채무가 증가할 것이라고 예상하고, 돈을 빌려주면 떼일 염려가 크다고 생각하여 더욱 높은 금리를 요구하기 때문입니다.

그런데 인민대중의 시위와 금융자본가들의 높은 이자율 요구가 반복되면, 그리스 정부는 외채를 상환할 수 없다고 선언할 수밖에 없을 것입니다. 그리스 정부에게 자금을 대 준 큰 채권자들은 독일계와 프랑스계의 은행들인데, 그리스 정부가 외채 지급불능을 선언하면 채권 은행들은 상당히 큰 타격을 입을 수 있습니다. 채권 은행의 손익계산서에 그리스 정부에 준 대규모 대출이 손실로 나타나서 은행의 손실이 크게 증가하게 되면, 그 은행의 고객들이 은행에 대한 신뢰를 잃고 예금을 인출하려고 소란을 피울 수가 있기 때문입니다. 이런 위험 때문에 유럽연합과 국제통화기금이 각국 정부에게 당분간 구제금융을 제공하기로 한 것입니다. 그러나 유로를 단일 통화로 사용하는 유로 지역의 나라들 다수가 국가 채무의 상환 불능 상태에 빠진다면, 유럽연합과 국제통화기금이 과연 무엇을 할 수 있겠습니까?

이에 비해 미국은 사실상 매우 유리한 지위를 차지하고 있습니다. 왜냐하면 자국의 통화인 달러가 세계화폐이므로 국제금융시장에서 달러를 빌릴 필요도 없이 조폐공사에서 그냥 찍어 내면 되기 때문입니다. 그리하여 이라크나 아프가니스탄에서의 전쟁 비용 충당, 금융공황기의 금융기업과 상공업기업에 대한 구제금융 지원, 경제공황기의 세수 감소와 경기 부양 및 부자 감세, 달러 가치 인하를 위한 대규모 달러 발행(이른바 '양적 완화' 정책) 등이 이어진 결과 〈표 6-2〉에서 보는 바와 같이 최근에 국가 채무가 폭증했습니다. 2008회계연도 (2007년 10월 1일~2008년 9월 30일)에 1조 달러(GDP의 7.1%)가 증가했고, 2009회계연도에는 1조 8,885억 달러(GDP의 13.4%)가 급증했으며, 2010회계연도에는 조금 줄어 1조 6,530억 달러(GDP의 11.4%)가 증가했지만, 누적된 국가 채무 총액은 13조 5,510억 달러로 GDP의

〈표 6-2〉 미국 국가 채무의 증가 추이

회계연도 (전년 10월 1일~ 금년 9월 30일)	증가액 (10억 달러)	GDP에 대한 비율 (%)	총채무 누적액 (10억 달러)	GDP에 대한 비율 (%)
1994	282–292	4.0~4.2	~4,650	66.6~67.2
1995	278~281	3.8	~4,950	67.0~67.8
1996	251~260	3.3~3.4	~5,200	67.2~67.6
1997	188	2.3	~5,400	65.4~66.0
1998	109~113	1.3	5,500	63.2~63.8
1999	128~130	1.4	5,641	61.2
2000	18	0.2	5,659	57.6
2001	133	1.3	5,792	56.6
2002	421	4.0	6,213	59.0
2003	570	5.2	6,783	61.8
2004	596	5.1	7,379	63.2
2005	539	4.3	7,918	63.6
2006	575	4.3	8,493	64.0
2007	500	3.6	8,993	64.8
2008	1,018	7.1	10,011	69.6
2009	1,887	~13.4	11,898	~84.4
2010	1,653	~11.4	13,551	~93.4
2011(2010년 10월~ 2011년 2월)	~633		~14,200	~96.8

출처: Wikipedia[25]

93.4%에 이른 것입니다. 특히 2011회계연도에는 중앙은행이 달러의 가치를 내려 수출을 진작하고 수입을 억제하기 위하여 '양적 완화' 정책을 대규모로 추진하려고 하기 때문에, 달러가 세계에 넘쳐나서 유가증권·부동산·제1차 산품에 대한 투기가 이전처럼 일어날 가능성이 큽니다. 그러나 이렇게 국가 채무가 급증하면 인플레이션 위험, 이자율이 상승할 위험, 달러 가치가 급락할 위험 등이 있기 때문에, 세계화폐로서의 달러의 지위가 흔들릴 수 있습니다. 만약 다른 통화나 여러 개의 다른 통화 바스켓(꾸러미)이 미국 달러를 대신하여 세계화폐가 된다면, 세계경제는 새로운 조정을 위해 다시 크게 흔들릴 것이고, 미국은 지금의 다른 나라와 마찬가지로 외국자본을 유치하기 위해 더 높은 이자율을 지급해야 할 것이며, 경제성장률은 크게 내려갈 수밖에 없을 것입니다.

2008년 9월 리먼브라더스의 파산이 이번 대공황의 시발점이었다고 잡아 봅시다. 대출 상환 능력도 없는 사람들에게 온갖 미끼를 던지면서 거액의 모기지 대출을 '개시한' 금융기업들과, 이 비우량 모기지 대출을 근거로 온갖 엉터리 증권들을 만들어 '판매한' 금융기업들이 파산하면서 대공황이 온 것입니다. 처음에는 정부의 거대한 구제금융으로 금융기업들의 파산만 막으면 문제가 해결되리라고 믿었지만, 금융기업의 파산을 막았더니 이제는 정부의 파산이 당면 과제로 떠오르게 되었습니다. 금융기업도 살리고 경제성장도 촉진한다는 재정·금융 팽창 정책이 쑥 들어가고, 국가 채무와 재정 적자를 줄이는 긴축·내핍 정책이 강력하게 등장했습니다. 이것이 2010년

5~6월의 일인데, 노동자와 서민의 분노가 폭발하기 시작하여 이제는 사회적 혼란이 당면 과제로 제기되었습니다. 번영이 지속된다는 '새로운 경제'의 환상이 깨어진 20세기 말부터 노동자와 서민은 일자리를 만들어 의식주 생활을 보장하라고 외쳤고, 이에 정부와 중앙은행은 "돈이 없다"는 말만 되풀이했는데, 공황의 '원흉'인 금융기업을 구제하는 데 사용한 수십 조 달러의 '돈'은 어디에서 나왔을까요? 개인적인 이윤 추구에 혈안이 된 지배계급과, 거대한 생산능력을 가지고 있으면서도 인민들의 필요와 욕구를 충족시키지 못하는 자본주의 체제 그 자체에 대한 분노가 세계 전체로 번지게 되었습니다. 각국 정부가 아무리 묘수를 써 봐도 생산은 증가하지 않고 실업자도 줄어들지 않으면서 인민의 불만만 쌓여 갈 뿐입니다.

정부와 지배계급은 이 '훌륭한' 자본주의 체제를 위기로부터 구하기 위해 인민을 기만하는 '민족주의'를 부추기기 시작했습니다. 이리하여 한편으로는 이슬람 혐오주의, 이민 억제와 불법이민자 추방 운동 등을 벌이는 극우 민족주의가 힘을 얻어 상당한 정치 세력으로 등장하게 되었고, 다른 한편으로는 수출 증진을 통해 대공황으로부터 탈출하려고 무역·통화 전쟁을 개시하면서 상대방 국가들을 중상모략하는 일이 벌어지기 시작했습니다. 이런 비이성적인 애국주의적 시도들은 사실상 자기 무덤을 파는 것이나 다름없습니다.

국내에서 극우 민족주의가 거세게 나타나면, 히틀러 시대처럼 사회의 양심이 마비되어 토론의 자유가 사라지면서 대외 침략을 '생활권'의 확대로 당연시할 수 있습니다. 더욱이 미국은 중국이 위안元화의 평가절상을 거부하는 것에 대응하여 중국 상품에 대해 관세를 높게 부과하는 권한을 대통령에게 주는 법안을 하원에서 통과시켰고, 또한 국제통화기금 총회에서 회원국들로 하여금 '자국 통화의 가치를 너무 낮게 유지하고 외환을 과잉보유하는 나라들'(예컨대 중국·일본·독일)에게 평가절상을 요구하도록 압력을 가하기도 했습니다. 하지만 총회는 환율 문제를 논의하지도 못하고 끝났습니다. 세계화한 자본주의 체제의 대공황을 열강들이 협력하여도 대처하기 어려운데, 열강들 사이에 무역 전쟁과 환율 전쟁까지 터지고 있으니, 이것을 어떻게 하면 좋겠습니까? 이윤을 더 많이 얻으려고 자국과 타국의 인민을 착취하는 자본주의 체제를 만약 폐기하면, 모든 과학기술적 진보를 이용하여 모든 나라의 모든 인민이 함께 평화롭게 사는 새로운 세상이 탄생할 수 있을까요?

사실상 지금의 세계대공황에서 가장 중요한 문제는 수억 명 실업자의 생활수준을 살 만하게 유지하면서 그들을 다시 고용하는 것입니다. 금융기업들을 살려서 금융엘리트의 주머니를 부풀게 하는 것은 전혀 문제 밖의 이야기입니다. 재정 적자를 경고하는 금융자본가들이 전하고자 하는 진정한 취지는, 부유한 투자자의 이익을 인민대중의 생활 욕구보다 더 중시하겠다는 것을 현재와 미래의 각국 정부가 약속하라는, 협박입니다.

7장

—

새로운 사회

IT 주식 폭락에 따른 금융위기를 피하기 위해 주택 거품을 만들려고 시도한 정책적 대응의 결과로 6년 반 사이에 두 배나 상승했던 주택 가격은, 2006년 7월 이후 계속 하락하기 시작하여 2009년 4월에 이르면 33%나 떨어지게 됩니다. 이 기간에 모기지 대출회사와 MBS의 발행자·소유자·투자자가 대규모로 파산하였습니다. 다수의 모기지 차입자는 대출에 대한 원리금을 갚지 못해 주택이 압류되고 주택으로부터 퇴거당했습니다. 그러나 정부와 중앙은행은 이자율 인하, 유동성 공급 확대, 금융기업들에 대한 긴급 구제금융 지원 등 주로 금융기업들을 살리는 데 주력하였고, 모기지 차입자의 비참한 상황을 개선하는 것에는 전혀라고 할 정도로 관심을 두지 않았습니다. 이것이 지금 사회가 처한 모습입니다.

1. 노동자와 일반 서민의 피해

미국의 주택 가격은 지수 139.26으로 최저점을 찍은 2009년 4월 이후 약한 상승과 하락을 거듭하다가 2010년 7월(지수 147.04)부터 계속 조금씩 하락하여 11월에는 지수 143.85를 나타냈습니다.(제5장의 〈그림 5-2〉, 〈그림 5-3〉 참조) 주택시장의 거품이 이렇게 붕괴하는 과정에서 노동자들과 일반 서민들은 심각한 고통에 직면하게 되었습니다.

주택 압류라는 문제를 살펴봅시다. 주택 압류는 대체로 세 가지의 특징적 단계를 거치면서 진행되고 있습니다. 첫째 단계는 부동산 가격이 폭락하자 투기꾼들이 주택을 포기한 경우입니다. 둘째 단계는 2년 동안의 낮은 고정 금리를 보고 모기지 대출을 차입했는데, 그 뒤 이자율이 너무 높이 상승하는 바람에 원리금을 갚지 못하게 된 비우량 차입자들의 경우입니다. 셋째 단계는 표준적인 모기지(따라서 우량 모기지)를 받은 사람들이 실업으로 말미암아 원리금을 갚지 못해 주택을 압류당하는 경우입니다. 지금의 압류는 대체로 셋째 단계에 와 있습니다. 모기지 대출의 원리금을 상환하지 못한 이들 가운데서 실업 때문인 경우의 비율이 2008년에는 29%였는데, 2009년에는 60%로 상승하였습니다.

은행들은 2010년에 280만 개의 주택에 대해 압류를 신청하여 새로운 기록을 세웠는데, 이것은 2009년보다 2%가 증가한 것입니다. 또한 2010년에는 전국 주택의 1/45이 압류 통보를 받았으며, 은행이 회수한 주택 수는 14% 증가해 100만 채가 되었습니다. 그런데 이상하게도 2010년 11월에는 10월에 비해 압류 신청이 21%나 감소했습니다. 왜냐하면 압류 신청 붐이 일어나고 있던 2010년 가을에, 법률이 요구하는 제대로 작성된 '모기지 대출 계약서'(주택 저당 문서와 원리금 상환 계약서)를 은행들이 가지고 있지 않다는 사실이 폭로되었기 때문입니다.

　　만일 제가 A라는 모기지 대출회사로부터 모기지 대출을 받으면서 A회사에 모기지 대출 계약서를 제출했는데, A가 B라는 은행에 제 것을 포함한 1,000개의 모기지 대출 계약서를 팔 경우, B는 제 대출 계약서를 가지고 있으면서 모기지 대출의 소유자가 됩니다. 그런데 B가 C라는 은행에 다시 한 번 1,000개의 모기지 대출 계약서 ― 여기에도 역시 제 대출 계약서가 포함됩니다 ― 를 팔고, C가 이것을 가지고 모기지 대출 담보 증권(MBS)을 만들어 투자자에게 팔았을 경우, B와 C 및 MBS 소유자 중 누가 제 주택을 압류할 권리를 가지고 있을까요?

　　이를 위해 1995년에는 법적 문서들(모기지 대출 계약서, 모기지 대출 계약서의 은행 간 매매 계약서 등)의 전자 보관과 전자 유통으로 모기지 관련 업무를 간단하게 정리하는, 'MERS'(모기지 전자등록제도)를 운영하는 민간 회사가 설립되었습니다. 이 회사는 모든 모기지 대출의 법적 문서들을 보관하면서, 대출의 원리금을 받아 처리하는 금융기업 및 모기지 대출을 소유하는 금융기업을 추적하고, 이를 차입자들에게 알려주면서 차입자의 주택을 압류하고 있는 중입니다.

그런데 지금 큰 문제로 등장한 것은 MERS 회사가 모기지 대출 계약서 정본을 가지고 있지 않은 경우가 발견되었다는 것입니다. 또 모기지 대출 계약서의 소유권을 이전하는 문서에는 공증인이 공증하게 되어 있는데, 은행의 임시 고용인이 공증을 받지 않고 하루에 수백 건의 서류에 서명한 경우도 발견되었습니다. 다른 한편 전자 서명을 공증인이 공증할 수 있는가 하는 문제와, 한 주(State)에서 공증 받은 서명이 다른 주에서도 그대로 통용될 수 있는가 하는 문제가 2010년 등장했습니다. 이에 대해서 상원과 하원은 모두 긍정적으로 대답하는 법안을 통과시켰지만, 오바마 대통령이 10월 7일 법안에 반대함으로써 그 법안은 폐기되었고, 현재 위의 두 문제는 이전처럼 각 주의 법에 따르게 되었습니다.

주택 소유자와 법 집행관이 모기지 대출의 이런 스캔들을 문제 삼게 되자 몇몇 은행들은 압류 신청을 중단하고 모기지 대출 관련 서류들을 다시 점검하게 되었기 때문에, 2010년 11월에는 압류 신청이 크게 감소한 것입니다. 그러나 은행들이 관련 서류에 문제가 없다고 하면서 2011년 1월부터 다시 압류 신청을 계속하기로 했으므로, 2011년에는 주택 압류 신청이 2010년에 비해 10~20% 정도 더욱 증가하리라고 예상하고 있습니다.

오바마 정부는 2009년 2월 '주택 소유자 안정 계획'(HASP)을 발표하여, 주택 압류 위기에 빠진 주택 소유자를 지원한다고 크게 떠들었습니다. 그러나 이 프로그램은 모기지 대출의 원금을 줄여 주는 것이 아니라 매월의 이자 상환금을 주택 소유자의 사정을 고려하여 조정하는 것입니다. 이 계획은 70만 건의 압류를 중지시킬 것으로 예상됩니다만, 재무부가 처음 약속한 300~400만 건의 압류에도 미치지 못할 뿐더러, 2012년까지 예상되는 800~1,300만 건의 누적 압류를 중지시키기에는 턱없이 부족합니다.

주택 압류 위기와 주택시장의 붕괴는 근본적으로는 대규모의 실업과 광범한 임금 삭감에 의해 진행되는 것이므로, 일자리 창출과 임금수준의 상승 및 사회보장제도의 확대·개선 없이는 계속될 것입니다.

이제 실업자 문제를 살펴봅시다.

〈그림 7-1〉에서 보는 바와 같이, 1970년대 초까지 미국에서 30~50세 남성은 거의 모두가 일자리를 얻었습니다. 그러나 지난 40년에 걸쳐 남성의 취업 상황은 매우 나빠졌는데, 특히 교육 수준이 낮은 남성들은 일자리를 얻기가 어려워 점점 더 취업시장에서 사라졌으므로 취업률(취업자 수/16세 이상 인구)이 크게 낮아졌습니다. 이는 물론 감옥에 있는 사람(2009년 기준 30~50세의 고졸 남성 중 3.4%, 대졸 남성 중 0.3%)과 군대에 있는 사람을 제외한 인구 기준입니다. 학사 학위 이상을 가진 남성의 취업률은 약간 저하했을 뿐이지만, 고등학교 졸업장만 가진 남성의 취업률은 97%(1967년)에서 76%(2010년)로 격감했습니다.

경제위기와 공황이 취업률 저하의 가장 큰 원인입니다. 2007년 경

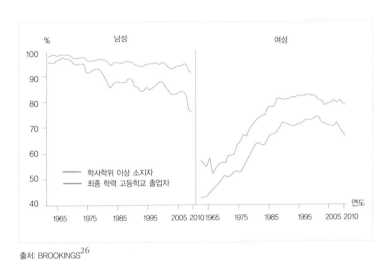

〈그림 7-1〉 30~50세 노동자의 성별·학력별 취업률(1962~2010)*

제위기 이래 고졸 남성의 취업률은 8%포인트 감소했고, 대졸 남성의 취업률은 3%포인트 감소했습니다.

2010년 11월 현재 경제위기와 공황을 거치면서 사라진 일자리는 880만 개이고, 이 기간 동안 노동인구 증가로 필요하게 된 일자리는 300만 개이기 때문에, 현재 일자리는 1,180만 개가 부족하다고 말할 수 있으며, 이것을 '일자리 부족'(job gap)이라고 부릅니다. 미국이 경제위기 이전의 고용수준을 달성하기 위해서는, 위의 일자리 부족을 메우기 위해 총 1,180만 개의 일자리를 새로 만들어야 할 것이고, 또

* 감옥과 군대에 있는 사람은 제외한 인구 기준 취업률입니다.

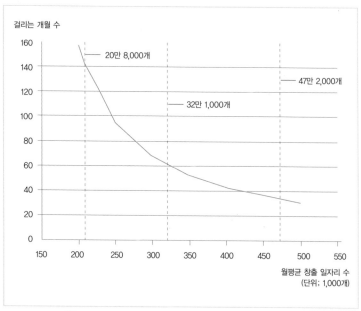

걸리는 개월 수

160

140 ─── 20만 8,000개

120 ─── 47만 2,000개

100 ─── 32만 1,000개

80

60

40

20

0

150 200 250 300 350 400 450 500 550

월평균 창출 일자리 수
(단위; 1,000개)

출처: BROOKINGS[27]

〈그림 7-2〉 경기후퇴 이전의 취업률 달성에 걸리는 개월 수
(2010년 11월 현재 기준)

한 매월 노동인구로 새로 들어오는 12만 5,000명을 위해 매월 12만
5,000개의 일자리를 더 만들어야 할 것입니다.

이제 경제위기 이전의 고용수준을 달성하려면 얼마나 많은 시간
이(개월 수로) 걸릴까요? 〈그림 7-2〉가 이것에 대답해 주고 있습니다.

첫째로 미국 경제가 매월 20만 8,000개의 일자리─2000년대 최
고치인 2005년도의 월평균 창출 일자리 수─를 새로 창출한다면,

경제위기 이전의 취업률을 달성하기 위해서는 143개월(약 12년)이 걸릴 것입니다.

둘째로 미국 경제가 매월 32만 1,000개의 일자리 ─ 1990년대의 최고치인 1994년도 월평균 창출 일자리 수 ─ 를 새로 창출한다면, 경제위기 이전의 취업률을 달성하기 위해서는 60개월(5년)이 걸릴 것입니다.

셋째로 미국 경제가 매월 47만 2,000개의 일자리 ─ 2000년대에 한 달 동안 창출된 가장 많은 일자리 수 ─ 를 새로 창출한다면, 경제위기 이전의 취업률을 달성하기 위해서는 35개월(약 3년)이 걸릴 것입니다.

그런데 첫째·둘째·셋째 시나리오 중 어느 것도 현재의 추세로서는 불가능할 것 같습니다. 2010년에 민간 부문은 월평균 10만 7,000개의 일자리를 창출했는데, 공공 부문에서는 월평균 2만 개의 일자리가 사라졌기 때문입니다. 특히 공공 부문의 일자리 상실은 모두 예산 부족에 시달리는 주州 정부와 지방 정부에서 생긴 것인데, 연방 정부가 주 정부와 지방 정부에 대한 지원은 앞으로 없을 것이라고 거듭 강조하고 있고, 또한 일자리 창출을 위한 정책을 전혀 실시하고 있지 않으므로, 일자리가 창출되리라는 희망은 거의 없습니다.

더욱이 세계경제를 구성하는 거대한 국민경제들은 지금 큰 혼란에 빠져 있습니다. 유로 지역에서는 정부 채무 감축을 위해 각국 정부와 국제기구(IMF·EU·ECB)가 긴축·내핍 정책을 강력히 추진하고 있으므로, 경제성장은 불가능하고 경제침체가 올 것입니다. 일본은 지난 15년 동안 경제침체에 빠져 있을 뿐 아니라, 2011년 3월 10일의 대지진과 쓰나미, 그리고 그 뒤를 이은 원자력 발전소 폭발 등으로 경제성장의 전망은 보이지 않습니다. 중국은 인플레이션과 주식시장·부동산시장의 거품을 억제하기 위한 긴축 정책을 실시하고 있습니다.

그리고 2010년 12월 미국의 '공식' 실업률은 9.4%(1,450만 명)로서 2007년의 2배이지만, '실질' 실업률은 이것보다 훨씬 높은 17%(2,700만 명)가 될 것입니다. 왜냐하면 일자리를 찾다가 일자리가 없어서 이제 더 이상 일자리를 찾으려고 하지 않는 '실망 실업자'는 경제활동을 하지 않는 인구(비경제활동인구)가 아니라 실업자에 속해야 할 것이고, 자기는 전일제(full-time)로 일하고 싶은데 그런 일자리가 없어서 파트타임으로 일하는 사람도 취업자가 아니라 실업자로 취급해야 할 것이기 때문입니다. 또한 강조해야 할 것은 아프리카계 미국인, 라틴계 미국인의 실질 실업률은 약 25%에 달한다는 사실과, 16~19세의 남녀들은 2010년 동안 내내 20%의 실업률에 허덕였다는 사실입니다. 그리고 평균 실업 기간도 2009년 12월의 29.1주에서 2010년 11월에는 33.8주로 16% 길어졌습니다. 12월에는 장기 실업자(27주 이상 실업자)가 640만 명에 달했고, 총 실업자의 44.3%를 차지했습니다. 공식 실업률은 지난 20개월 동안 9% 이상이었고 2011년에도 계속 그러할 것입니다.

미국 인구조사국이 2011년 1월 5일 발표한 바에 따르면, 2009년의 빈곤율은 총인구의 15.7%(4,780만 명)나 되었습니다. 노동연령인

18~64세 인구의 빈곤율은 14.8%이고, 65세 이상 노인의 빈곤율은 16.1%이며, 아동들의 빈곤율은 18%로 가장 높습니다. 2009년도의 '공식적인' 빈곤선은 2인 가족의 경우에는 연간 1만 4,570달러 이하이고, 4인 가족의 경우에는 연간 2만 2,050달러 이하입니다. 그리고 2009년에 미국 인구의 6.3%는 '심각한 빈곤'—소득이 공식적인 빈곤선의 50% 이하인 경우—에 빠져 있는데, 이 숫자는 기록적인 규모입니다. 또한 점점 더 많은 노동자들이 '저소득층'—소득이 빈곤선의 2배 이하인 경우—으로 빠지고 있으며, 모든 노동자 가족의 1/3은 저소득층으로 가난하게 살고 있습니다. 이런 상황에서 정부의 사회보장제도가 축소되고, 노인과 저소득층에 대한 의료 지원(Medicare, Medicaid)과 식품 구입용 쿠폰(food stamp) 제공 등 복지 프로그램이 삭감된다면 가난한 사람들은 살아가기가 훨씬 더 어려워질 것입니다.

2. 공황을 연장하는 공황 대책

오바마 정부는 "일자리를 창출한다"는 명분으로 노동계급에 대한 공격을 진두지휘하고 있습니다. 오바마 정부는 2009년에는 GM과 크라이슬러를 구조 조정하면서 신입 노동자에 대한 임금을 50% 삭감했고, 그 뒤 실업자 감축 정책을 채택하지 않고 실업자를 일부러 증가시킴으로써, 노동자들의 힘을 약화시켜 임금수준을 더욱 인하하고 있습니다. 또한 '2009년도 미국 회복·재투자법'(ARRA)에 따라 연방 정부가 주 정부와 지방 정부에 지원하던 경기 부양 자금이 2011년 6월 말까지 대체로 끝날 것이기 때문에, 2012회계연도(2011년 10월 1일~2012년 9월 30일)에는 주 정부의 예산 적자가 1,400억 달러에 이를 것으로 예상되는데, 오바마 정부와 공화당 지도부는 이 예산 적자에 대해 연방 정부가 지원하는 것을 거부하면서 사회 서비스의 축소, 공공 부문 일자리의 대폭 감축과 공공 부문 노동자의 임금·연금 및 복지 급여에 대한 야만적인 삭감을 요구하고 있습니다. 그런데 최근의 여론조사에 따르면, 국민의 2/3가 예산 적자를 줄이기 위해서는 지출 삭감이나 해고 대신에 부자에게 세금을 더 내게 해야 한다고 말했습니다. 2010년 11월 하원은 26주 이상 실업 상태에 있는 노동자에 대한 '실업 급여 연장을 위한 자금 계획'을 부결시켰지만, 11월 중 이 프로그램으로 실업 급여를 받고 있는 실업자들이 500만 명에 이르고 있었으므로, 2010년 12월에는 상원과 하원 및 대통령이 합의하여 '부자를 위한 부시의 조세 감면법 연장'과 함께 '실업 급여 연장안'을 통과시켰습니다.

오바마 정부는 금융위기와 금융공황을 겪으면서 월가의 금융기업들에게는 정부와 중앙은행을 통해 수십조 달러의 자금을 지원했으며, 2010년 12월에는 공화당의 지도부와 합의하여 부시 시절의 부자 감세법을 연장함으로써 미국 인구 중 가장 부유한 2%의 금고에 매년 700억 달러를 넣어 줄 것입니다. 또한 재산세의 인하는 6,600개 가구에게 매년 230억 달러의 조세를 선물로 돌려줄 것입니다. 오바마의 우익 정책은 2010년 11월의 총선(연방의회의원·주지사·시장·주의회의원·지방의회의원 선거)에서 크게 패배했습니다. 2008년 11월 대통령 선거에서 오바마에게 투표했던 수천만 명의 청년과 노동자들이 이번에는 민주당에 투표하지 않았기 때문입니다. 그럼에도 불구하고 오바마는 의회를 지배하게 된 공화당과 함께 지금도 친기업적인 정책을 추구하고 있습니다.

지난 30년에 걸쳐 신자유주의 정부가 친기업 정책을 실시했기 때문에, 미국의 소득 불평등은 매우 심화되었습니다. 1979~2005년 26년 동안 소득수준 최하위 20%의 가구들은 실질소득이 평균적으로 200달러(매년 8달러) 증가한 데 반해, 소득수준 최상위 0.1%의 가구들은 실질소득이 평균적으로 600만 달러(매년 23만 달러) 증가했습니다. 그리고 2009년에는 미국 가구 중 가장 부유한 1%의 재산이 전체 가구 재산 중앙값의 225배 이상이었습니다. 그런데 이 배율은 중앙값의 125배였던 1960년의 약 두 배가 되는 것입니다. 이는 금융시장과 부동산시장의 거품과 붕괴에 부닥치면서도 지배 엘리트가 재산을 거대하게 축적했음을 가리킵니다. JP모건체이스는 2010년도에 174억 달러의 수익을 올렸는데 이것은 2009년도에 비해 48%가 증가한 것입니다. 이것은 중앙은행으로부터 거의 0%로 자금을 얻어와서 주식·국채·회사채·금·석유·농산물 등에 투자한 결과입니다. 주가지수는 중앙은행의 값싸고 풍부한 자금 방출로 말미암아 2009년 3월 이래 거의 80%나 상승했습니다. 더욱이 월가에서는 5대 은행 ― 뱅크오브아메리카, JP모건체이스, 시티그룹, 웰스파고, 골드먼삭스 ― 이 자산 8조 6,000억 달러를 통제하고 있는데, 이 규모는 모든 금융기업 자산의 13.3%에 해당되며, 3대 상업은행은 미국 총예금의 33%와 주택 대출 총액의 50% 이상을 통제하고 있습니다. 다시 말해 월가는 자유경쟁이 아니라 금융과두제가 지배하고 있다는 이야기입니다. 그리고 상공업기업들은 해고, 비정규직 고용, 임금과 후생 급여 삭감 등 비용 삭감 노력과 노동생산성 향상으로 거대한 이윤을 얻어 수조 달러의 현금을 쥐고 있으면서도 고용을 증가시키거나 생산을 확대하지 않고 있습니다.

미국 노동부의 발표에 따르면 미국 노동자의 임금과 후생 급여는 2010년 2% 상승했는데, 이 상승률은 미국 노동부가 28년 전 이 통계를 작성하기 시작한 이래 두 번째로 낮은 상승률 ― 첫 번째 낮은 상승률은 2009년의 1.4% ― 이었습니다. 이런 결과가 나온 것은 금융 기업들과 상공업기업들이 거의 10%에 달하는 실업률을 들이대면서 노동자들에게 임금과 후생 급여의 삭감을 받아들이라고 협박했기 때문입니다.

그런데 정부와 공화당 지도부 및 주요 언론은 빈곤과 실업자의 증가 및 소득 불평등에 따르는 사회적 위기를 감추기 위해, 정부 채무를 줄여야 한다고 강조하면서 공공 부문의 노동자가 임금·연금·후생 급여 등에서 민간 기업의 노동자보다 훨씬 더 나은 대우를 받으면서 '사회의 심부름꾼'이 아니라 '사회의 주인'이 되고 있다고 비난하기 시작했습니다. 그러나 이것은 사실이 아닙니다. 공공 부문 노동자들 ― 법 집행, 교도관 업무, 보호관찰과 가석방, 공공 행정, 공공사업, 교통, 유아교육, 초·중·고등학교 교육, 환경 미화, 건강관리, 간호사, 응급실의 긴급 서비스, 도서관 운영, 소방, 주택 관리, 영양 지도, 사회복지 등에 종사하는 ― 은 민간 부문 노동자들보다 평균적으로 교육을 더 많이 받았지만, 보수는 민간 부문 노동자보다 적습니다. 대학 졸업생이 공공 부문에서는 48%를 차지하지만 민간 부문에서는 23%만을 차지합니다. 동일한 교육과 업무 경력의 노동자를 비교하면, 민간 부문 노동자의 보수에 비해 주 정부 노동자는 11% 적게, 그리고 지방 정부 노동자는 12% 적게 받고 있습니다. 160만 명의 조합원을 가진 '주·지방 정부 노동조합'(AFSCME)은 미국에서 몇 개 남지 않은 활동적인 노동조합의 하나입니다.

여기에서 미국 공공 부문 노동자의 역사에 관해 약간의 설명이 필요할 것 같습니다. 오늘날, 취업 흑인 여성의 거의 45%가 공공 부문에서 일하고 있으며, 전문직에 종사하는 아프리카계 미국인의 50% 이상이 주 정부와 지방 정부에 고용되어 있습니다. 1960년대 중반까지 연방·주·지방 정부의 공공 부문 일자리는 수백만의 아프리카계 미국인들이 민간 부문의 인종차별을 피해 중산층 생활수준을 누릴 수 있는 가장 중요한 일자리였습니다. 그런데 도시 안의 흑인 지역사회를 파괴하면서 진행된 정부의 도시 재개발 정책은 1960년대 흑인들의 도시 반란을 야기했습니다. 1968년까지 거의 300번에 달하는 도시 폭동이 일어났고, 50만 이상의 아프리카계 미국인들이 이에 참가했습니다. 도시 폭동의 주요 원인으로는 경찰의 잔인성, 실업과 주택 문제가 지적되었습니다. 민주당과 공화당은 '경찰의 잔인성'에 관해서는 어떤 조치도 취하지 않은 채 법과 질서를 강화하려고 했습니다. 다만 '실업의 축소와 주택의 개선'에 관해서는 존슨과 닉슨 대통령이 아프리카계 미국인의 일부를 미국 주류 사회에 통합시키기 위하여 강력하게 추진하였습니다. 특히 실업을 축소하기 위해 연방 정부는 '차별 철폐 조치'(affirmative action)를 적극적으로 실시하여, 연방·주·지방 정부의 일자리를 아프리카계 미국인에게 유례없을 정도로 개방한 것입니다.

이런 과정에서 선거를 통해 선출된 흑인 의원·관리의 수가 증가하고 흑인들의 정치적 힘이 커지면서 흑인들은 더욱 많이 공공 부문에 고용되었으며, 임금·연금·후생 급여 등이 증가했습니다. 케네디 대통령이 1960년에 연방 정부 노동자들에게 노동조합을 결성할 권리를 인정한(파업할 권리는 인정하지 않음) 이래, 연방 우체국 노동자들이 처음으로 1966년에 노동조합을 결성했고, 1923년에 창설한 AFSCME(주·지방 정부 노동조합)가 조합원을 크게 확대했습니다.

공공 부문 노동조합이 민간 부문 노동자보다 더욱 안정적이고 쾌적한 노동조건을 가지고 있다면, 그것은 공공 부문 노동자들이 오랫동안 정부와 투쟁하면서 얻은 성과입니다. 그리고 민간 부문의 노동자들도 공공 부문 노동자들과 힘을 합쳐 상공업기업들과 금융기업들의 거대한 이윤을 나누어 가지려고 해야 할 것입니다.

그런데 2010년에 미국에서 가장 큰 고용주인 주·지방 정부는 21만 2,000개의 일자리를 삭감했고, 노동자들은 보수 없는 휴가를 받게 되었으며, 임금과 후생 급여 역시 삭감되었습니다.

더 많은 노동자들이 일자리를 잃고 주택 가격은 폭락하여 빚을 갚을 수 없는 지경이 되었는데, 채권자가 빚을 독촉하기 때문에, 파산을 신청하는 사람들의 수가 2010년에는 2009년에 비해 9% 증가하여 153만 명이 되었습니다. 파산법이 개정되어 파산 신청이 더 어려워지고 비싸짐으로써 파산 신청자가 격감한 2005년 이래 최대의 숫자입니다. 경제가 회복되었다는 공식적인 주장에도 불구하고, 미국 인민대중의 큰 부분은 아직도 매우 절박한 경제적 곤궁에 빠져 있다는 것을 가리킵니다.

2008~2010년 3년 동안 400만 명의 소비자가 파산을 신청했는데, 대부분의 신청자는 연간 3만 달러 미만을 벌고 대학 학위를 가지지 않은 사람들입니다. 그러나 6만 달러 이상을 벌고 대학 학위를 가진

사람들의 파산 신청도 점점 더 증가하고 있습니다. 개인 파산의 커다란 이유 중 하나는 의료비입니다. 가족 의료보험료는 1999~2009년에 두 배나 증가했으므로, 노동자의 보수나 물가보다 더 빠르게 증가한 것입니다. 왜냐하면 고용주들이 의료비 부담을 점점 더 노동자에게 이전시켰기 때문입니다. 개인 파산의 또 다른 주요 이유는 장기 실업의 급증으로 말미암아 식량·전기·수도와 기타 생활필수품을 구매하기 위해 신용카드에 의존하지 않을 수 없었기 때문입니다. 신용카드회사에 빚을 져서 파산하는 사람들 중 그 수가 가장 빠르게 증가하는 이들이 65세 이상의 노인입니다.

3. 무엇을 해야 할까?

'좌파'는 노동해야만 먹고사는 인구 집단(이른바 노동계급)이거나 이들을 지지하는 세력이고, '우파'는 노동하지 않고 자기의 재산으로 먹고사는 인구 집단(자본가계급)이거나 이들을 지지하는 세력이라고 단순하게 정의합시다.

미국의 우파는 '사회주의'가 무엇인지를 잘 모르면서, 자기가 밉다고 생각하는 사람을 사회주의자라고 불러 그의 기세를 꺾으려고 하고 있습니다. 이것은 1950년대의 정신병적인 반공주의─매카시즘McCarthyism─를 연상시킵니다. 원래 사회주의는 모든 인민대중이 사회의 주인이 되어 자유·평등·연대의 정신에 따라 다 함께 평화롭게 사는 사회를 가리킵니다. 그런데 '사회주의 공화국'이라고 불리던 소련 사회가 인민대중에 의한, 인민대중을 위한, 인민대중의 사회가 되지 못하고 공산당 독재와 1인 독재자 숭배의 사회로 변질되었기 때문에, 우파는 모든 경제문제를 시장에 맡겨 내버려 두지 않고 정부가 개입하는 것 그 자체를 사회주의라고 부르는 경향이 있습니다. 그러나 정부가 개입하지 않으면 처음부터 시장이 움직일 수 없다는 사실을 위의 '무식한' 우파는 모르고 있습니다. 시장이 작동하려면 화폐가 있어야 하는데, 무엇이 화폐인가를 결정하고 화폐의 양을 조절하는 공권력(즉 정부)이 있어야만 시장이 작동할 수 있을 것입니다. 또한 거래 당사자들이나 공장장과 노동자가 서로 다툴 때 이 싸움을 심판하는 공권력(정부)이 없으면 싸움은 계속되어 시장은 작동할 수 없게 될 것입니다.

시장 만능주의를 믿는 우파 대중은 처음에는 부시나 오바마가 실행한 정책들—금융기업들에 대한 거대한 구제금융의 제공, 심지어는 일부 금융기업에 대한 사실상의 국유화, 자동차회사(GM과 크라이슬러)에 대한 구제금융의 제공과 구조 조정, 제약회사·병원·보험회사 간의 삼자 동맹을 어느 정도 약화시키려는 의료보험제도의 수정, 구제금융을 받은 은행이 임원들에게 주는 보너스를 감독하는 것—을 사회주의라고 부르면서 맹렬히 비난했습니다. 그런데 우파의 우두머리 격인 금융귀족과 상공업엘리트는 자기의 손실을 정부가 국민의 혈세로 메워 주는 일—이른바 구제금융—을 강력히 요구했으며, 이것을 통해 다시 살아나고자 했습니다.

이렇게 되니까, 우파 대중은 시장 만능주의를 버리고 정부를 향해 금융귀족과 상공업엘리트의 이익을 옹호·확대하라고 외치게 된 것입니다. 이제 우파는 투기적이고 약탈적인 금융기업을 살리기 위해 국가가 국민의 혈세를 투입하는 것, 제약자본·병원자본·보험자본의 이익 복합체가 환자의 주머니를 더 많이 터는 것, 현재의 공황을 야기한 장본인인 은행 임직원이 국민의 혈세로 거대한 보너스를 타는 것 등을 찬성하고 있습니다. 여기에서 우리는 우파의 도덕성이 땅에 떨어진 것을 분명히 보게 됩니다.

더욱이 우파는 티파티 운동(Tea Party movement)이 보여 주는 것처럼 맹목적으로 부자를 숭배하면서 노동계급을 끝없이 착취하고 약탈하는 것을 부추기고, 미국 제일주의를 앞세워 외국을 침략해 그곳의 인명을 살상하고 주택·건물·공장·학교·병원·박물관을 파괴하며 자연 자원을 약탈하는 것 등을 '승리'라고 흥분하고, 국내의 외국인들을 억압하면서 추방하자는 운동까지 벌이고 있습니다. 그리고 2011년 1월 8일에는 한 극우 청년이 연방 판사를 포함해 6명을 살해하고 민주당 하원의원에게 치명적인 상처를 입힌 테러 사건이 일어났습니다.

현재 상대적으로 세력이 약한 좌파는 불만이 가득해서 변화를 원하지만, 사회구조 전체 그리고 그 위에 선 정치제도가 저항과 진보적인 변화를 허락하지 않고 있습니다. 쌓이고 있는 사회적 불만이 언젠가는 새로운 진보적인 길로 표현되어야 할 것입니다.

그런데 우리는 매우 우려스러운 현상들을 보고 있습니다. 2008년 이후의 세계대공황이 자본주의의 착취성과 약탈성을 더욱 더 강화하고 있는데, 이것에 저항하는 세력의 힘은 점점 더 약해지고 있기 때문입니다. 첫째로 노동자들은 퇴직 연금—주로 주식·국채·회사채 등 유가증권에 투자되어 있습니다—의 가치가 증가하기를 바라며, 따라서 자기를 약탈하는 월가 및 자본주의 체제의 유지·확대와 강력한 이해관계를 공유하게 되었기 때문입니다. 이제 노동자는 착취당하는 노동자와 착취하는 주주라는 상반되는 측면을 동시에 갖게 되었으므로, 노동자의 '세력화'는 불가능하다는 주장까지 나옵니다. 그러나 주식 몇 장을 가진다고 그것으로 살아갈 수 있는 것이 아니므로, 노동자는 여전히 무일푼의 노동자이고 임금노예일 따름입니다. 따라서 자본주의 체제를 변혁하지 않으면 노동자는 억압과 착취와 약탈로부터 벗어날 수 없습니다.

둘째로 노동계급이라는 집단에 관한 의식이 점점 더 사라지고 있기 때문입니다. 경제위기와 공황이 올 때마다 무일푼의 노동자들은 점점 더 은행·신용카드회사 등 금융기업의 대출에 의존하지 않을 수 없고, 대출을 받거나 상환하는 것에 걸린 모든 과정—예컨대 개인 신용 평가, 대출 결정, 원리금 상환, 대출 상환 불이행, 주택 압류, 주택에서의 퇴거 등—이 노동자를 노동계급의 한 사람으로 취급하는 것이 아니라 단순한 개인으로 취급하는 데서 비롯되는 일입니다. 이렇게 되면 노동자들이 단결하여 자본가계급과 대항한다는 전투성은 사라지게 됩니다.

셋째, 세계자본주의의 특징 때문입니다. 세계자본주의의 특징 중 하나는 광공업과 농업에 종사하는 노동자들은 점점 더 개도국에 집중되고, 상업·정보통신업·금융업·연구개발업·기타 서비스업에 종사하는 노동자들은 점점 더 선진국에 집중되는 경향입니다. 이러한 노동계급의 국제적 분할과 분리가 노동계급의 국제적인 연대와 단결을 약화시키고 있습니다. 다른 한편의 특징은 자본의 활동—생산 활동, 판매 활동, 금융 활동 등—이 세계 전체로 확대되면서 다국적기업(또는 초국적기업)이 기업의 주된 형태가 되었다는 점입니다. 이제 다국적 자본가에게 효과적으로 대항하기 위해서는 노동계급이 국제적 연대를 강화하고 자기 나라의 '국가이익'이라는 허깨비를 벗어던져야 할 것인데, 이런 훈련이 노동운동에서 부족합니다. 예를 들어 GM 미국 본사의 다국적 자본가가 독일 GM과 벨기에 GM 노동조합에게, 1시간당 8달러라는 매우 낮은 임금수준을 받아들이는 노동조합은 GM 공장을 계속 유지할 수 있다고 말하는 경우, 두 노동조합이 서로 먼저 그 낮은 임금수준을 받아들여 자기 나라에 GM 공장을 보유하려고 경쟁하지 말고, 서로 힘을 합쳐 더 높은 임금수준을 제시하도록 압박을 가해야 한다는 것입니다.

넷째로 노동계급 안에서의 연대가 파괴되고 집단적인 행동이 점점 더 어려워지고 있기 때문입니다. 더 많은 이윤을 얻고자 하는 자본가가 컴퓨터화·자동화·로봇화를 통해 취업 노동자를 해고할 뿐만 아니라, 노동자를 정규직과 비정규직으로, 남녀 노동자로, 숙련노동자와 미숙련 노동자로 구분하여 임금과 사회보험 ─ 건강보험·산업재해보험·고용보험·연금보험 ─ 등에서 차별하면서 노동계급을 '분할 통치'(divide and rule)하기 때문입니다.

그러나 지금의 세계대공황은 자본주의 사회가 인류의 물질적 복지와 정신적 안정을 해치는 체제라는 것을 폭로하고 있습니다. 한편에서는 생산을 확대할 수 있는 공장 건물과 기계와 원자재와 화폐자본이 사용되지 않고 놀고 있는데, 다른 한편에는 대규모의 실업자가 육체적인 빈곤과 정신적인 고통 속에 빠져 허덕이고 있기 때문입니다. 이 극심한 모순은 주민의 일부인 자본가계급이 모든 물적 자본과 화폐적 자본을 소유하면서 그 자본을 모든 주민의 필요와 욕구를 충족시키기 위해 사용하는 것이 아니라 자기 자신의 이윤을 극대화시키기 위해 사용하고 있기에 일어납니다.

몸이 커질수록 새로운 넉넉한 옷으로 갈아입어야 사람이 제대로 성장할 수 있는 것처럼, 사회도 생산능력이 증가할수록 거대한 규모의 생산물을 골고루 나누어 먹는 제도를 확립해야만, 생산물이 창고에 재고로 남아 썩어 가면서도 가난한 사람이 급증하는 '괴상한' 상황을 벗어날 수 있습니다. 자본가계급이 노동계급을 억압하고 착취하고 약탈하는 사회를 타도하고, 모든 주민이 자유롭고 평등하며 서로서로 아끼고 사랑하는 새로운 사회를 만드는 것이 우리의 과제입니다.

이번의 세계대공황을 야기한 범인은 금융자본·금융기업·금융귀족이라고 말할 수 있습니다. 금융자본은 주택시장과 증권시장에서 거품을 만들어 투기를 조장하고 이 투기가 세계 금융시장과 증권시장에 널리 퍼지게 만든 장본인입니다. 이 간단하고 손쉬운 투기적 거래를 통해 소득과 재산이 소수의 부자들에게 집중되었으며, 인민대중은 금융자본의 약탈적 대출에 의해 더욱 빈곤해진 것입니다. 금융자본의 금융적 활동─대출을 행하고 증권을 매매하는 활동─은, 사회 전체의 관점에서 볼 때, 새로운 부나 이윤을 '창조'하는 생산적인 활동은 아닙니다. 금융기업은 기본적으로 타인의 주머니를 털어 수익을 올릴 뿐입니다. 물론 산업자본에게 자금을 대출하거나 산업자본이 새로 발행한 주식을 구매함으로써, 산업자본이 생산 활동을 유지·확대할 수 있게 하여 간접적으로 새로운 재산과 이윤의 창조에 기여할 수는 있습니다. 그러나 비우량 모기지 대출 담보 증권에 대한 투기에 금융기업뿐만 아니라 상공업기업도 참가한 '돈 놓고 돈 먹기'의 거대한 노름판이 벌어진 상황에서는 모든 기업과 투자자가 남의 주머니를 털어 횡재할 기회만을 노렸습니다. 새로운 재산이나 이윤은 창조되지 않는 채 이미 있는 재산을 서로 자기의 주머니에 넣으려는 투쟁(즉 투기) 속에서 대규모의 화폐자본이 투자되어 증권 가격은 폭등했지만, 이 화폐자본의 수익률은 점점 더 낮아질 수밖에 없었고, 마침내 증권 가격은 폭락하고 노름꾼들은 투자 자금을 회수하지 못하게 된 것입니다. 이것이 이번 세계공황의 핵심입니다. 물론 구체적으로는 비우량 차입자가 실업과 임금 저하로 비우량 모기지 대출의 원리금을 상환하지 못한 것이 비우량 모기지 대출 담보 증권의 가격을 폭락시키면서 금융 피라미드를 붕괴시킨 가장 근본적인 기폭제였습니다.

그런데 이런 금융자본·금융기업·금융엘리트가 공황을 거치면서 더욱 당당하게 부활한 것입니다. 금융엘리트로부터 막대한 정치자금을 받는 정치가들이 지배하는 의회와 정부는 금융기업의 손실을 국민의 혈세로 메워 주었습니다. 신자유주의를 신주 모시듯 하던 정치 지도자들이 어떻게 이렇게 돌변할 수 있는지에 온 세계가 경악했습니다. 주 정부와 지방 정부가 예산이 부족해 교육·보건과 소득 보조 등 사회 서비스를 대폭 삭감하고 공공 부문 노동자를 대규모 해고시키는 상황의 개선에는 전혀 자금을 지원하지 않던 정부였고, 장기 실업자에게 실업 급여를 '연장'하는 것조차도 거부한 의회였습니다.

실업을 줄이는 프로젝트를 하나도 만들지 않은 의회와 정부였습니다. 이들이 완전히 금융귀족의 하수인이 된 것입니다. 정부와 중앙은행이 출자, 국유화, 부실 증권·자산의 매입과 재할인, 특별 자금의 대출, 지급보증 등으로 금융기업을 지원한 금액이 22조 달러(미국의 2009년도 국내총생산 14조 달러의 1.6배) 이상입니다. 이렇게 살아난 금융기업들은 중앙은행으로부터 거의 0%의 이자율로 자금을 빌려 주식·국채·회사채·석유·금·곡물 등에 이전과 마찬가지로 투기해 거대한 수익을 올렸고, 이 수익으로 정부가 매입했던 주식(우선주와 보통주)을 다시 매입했기 때문에, 이제 몇몇 기업을 빼면 대부분의 금융기업에는 정부가 소유하는 지분이 없으며 따라서 이들은 정부의 간섭을 받지 않을 수 있게 되었습니다.

지금 미국의 금융기업은 "국가 채무가 너무 많아 국가가 파산할지도 모른다"고 걱정하고 있습니다. 정부가 국가 채무를 갚기 위해 달러를 너무 많이 찍어 내면─이것이 이른바 '양적 완화'의 한 형태입니다─인플레이션의 위험이 있고, 달러와 금융자산(대출, 유가증권)의 가치가 떨어질 위험이 있으며, 정부가 국채(재무부 증권)를 상환하지 못할 위험까지 생겨서 금융기업이 손해를 볼 가능성이 커집니다. 그 때문에 금융기업은 국가 채무를 축소하라고 아우성을 치면서, 예산 적자를 줄이기 위해 주 정부와 지방 정부에 연방 정부가 지원하는 것을 막고 있는 것입니다. "물에 빠진 놈 건져 놓으니까 내 봇짐 내라 한다"는 속담에 해당되는 철면피가 바로 금융자본·금융기업·금융귀족입니다.

그러므로 금융기업의 공적 소유와 민주적인 통제는 지금 당장 실시해야 할 긴급한 과제입니다. 금융기업이 몇몇 대주주의 이익을 위해 금융활동을 하는 것을 막고 모든 주민에게 값싸고 풍부한 자금을 제공하기 위하여, 그리고 증권시장에 거품을 만들고 투기를 조장하여 위기와 공황을 야기하는 것을 막기 위하여, 금융기업을 공익 사업체로 만들고 광범한 이해 당사자가 민주적인 토론을 통해 운영해야 할 것입니다.

다음으로 시장에서 상품들이 팔릴 수 있도록, 대중들의 구매력을 높여야 할 것입니다. 하나의 방법은 소득을 얻을 수 있는 일자리를 대규모로 만드는 것입니다. 정부가 첨단산업을 육성하는 계획을 세워 대학 출신의 실업자에게 고급 일자리를 줄 수도 있고, 초등학교마다 보육원과 유치원을 부설하여 일자리를 만들면서 어린이들의 심신 발달을 도모하고 여성들의 직장 활동을 촉진하면 출산 장려에도 큰 도움이 될 수 있을 것입니다. 또한 하루의 노동시간을 줄여 작업을 나누어 함으로써, 일자리를 증가시킬 뿐 아니라 노동자들에게 새로운 사회를 구상하는 시간을 주어야 할 것입니다. 고령화 사회가 됨에 따라, 노인들에게도 오랜 경험을 활용할 수 있는 적합한 일자리를 만들거나, 소일하면서 남들에게도 도움을 줄 수 있는 작은 사업들을 실행할 수 있도록 하는 것이 노년을 건강하고 즐겁게 보내게 하는 방법이 될 것입니다.

일자리 만드는 것 이외에 인민대중의 구매력을 높이는 방법은 사회보장제도를 개선하고 확충하는 것입니다. 미국의 의료보험제도는 제약회사·병원·보험회사의 삼자 동맹이 인민대중을 약탈하는 것을 돕고 있기 때문에, 의료보험제도를 한국처럼 정부 주도로 운영하면서 보험 치료의 포괄 범위를 넓히면, 인민대중의 파산 위험과 생활에 대한 불안을 상당히 줄이면서 여유 자금으로 시장의 구매력을 증가시킬 수가 있을 것입니다. 그리고 실업 급여의 액수와 지급 기간을 충분한 수준으로 늘리는 일은 실업자로 하여금 새로운 기술을 습득해 새로운 일자리를 찾을 수 있게 할 것입니다. 고등학교까지의 무상교육과 무상급식은 건전한 시민의 연대 의식을 키우는 요람이 되는 동시에 빈부 격차를 줄여 평등한 사회를 만드는 데 필수적인 사업입니다. 또한 장애인이 비장애인처럼 자연스럽게 생활할 수 있게 하는 정책적 고려가 있어야만 현재의 비정하고 삭막한 사회를 극복하고 더불어 사는 사회로 나아갈 수가 있을 것입니다. 국민기초생활보장제도를 개선하고, 공공임대주택을 많이 짓고, 국민연금제도를 확대하고 개선하는 것은 계급 대립과 빈부 격차를 줄이기 위한 중요한 과제입니다.

사회보장제도의 개선과 확충은 해외시장이 아니라 국내시장을 개척하는 방법이기 때문에, 다른 국가들과 무역 전쟁·환율 전쟁·무력 전쟁에 빠질 위험이 없습니다. 다시 말해 이 방법은 각국 사회를 평등과 우애의 사회로 만들 뿐만 아니라 세계의 안전과 평화에 크게 기여하게 될 것입니다. 물론 사회보장제도의 개선과 확충에는 돈이 많이 들 것입니다. 그러나 사회보장제도는 국민 모두에게 복지 서비스를 제공하기 때문에, 각자가 스스로 자기 자신의 복지를 챙기는 것보다는 비용도 적게 들고 협동심이나 동료애도 느끼게 될 것입니다. 특히 여기에서 강조하고 싶은 것은 국방비를 줄이면 사회보장제도를 상당한 정도로 개선할 수 있다는 점입니다. 미국의 경우 2010회계연도의 국방비 지출액이 8,470억 달러로 총 지출액의 20%를 차지하였습니다. 이라크와 아프가니스탄에서 전쟁을 수행하는 데 드는 인건비와 물건비, 퇴역 군인의 치료비와 연금, 최첨단 살상 무기를 연구·개발하는 비용 등등으로 결국 인류의 일부인 적대 세력의 인명·재산·문화를 파괴하기 위해 세금을 낭비한 것입니다. 이 국방비를 15%(1,300억 달러)만 줄이더라도 미국 전국의 주 정부와 지방 정부가 안고 있는 2011회계연도 예산 적자를 없앨 수 있으므로, 각 주와 지방의 학교·도서관·소방서·보건소·공원이 살아나고 공공 부문 노동자가 해고되지 않을 것입니다.

2008년 9월 리먼이 파산하면서 미국과 세계의 금융공황과 경제공황이 터졌지만, 그 이후 세계대공황을 해결할 어떤 국제적인 합의도 전혀 이루어지지 않았습니다. 왜냐하면 이 곤란한 국제적 문제를 해결할 수 있는 정치적·경제적 수단이나 아이디어, 의지를 가진 국가 또는 집단이 없기 때문입니다. 따라서 현재의 세계대공황은 계속될 수밖에 없습니다. 미국은 금융의 '양적 완화' 정책을 실시하여 이자율 0%의 달러를 무제한으로 공급하고 있습니다. 그 목적은 금융기업이 이 자금으로 유가증권 및 제1차 산품(광산물과 농산물)에 투기하거나 대출하여 돈을 벌게 하고, 또한 달러 가치를 하락시켜 미국 상품의 수출을 증진시키는 것입니다. 이리하여 뉴욕 증권시장의 주가는 상당히 상승했지만 이것은 기업들의 수익성 향상과는 전혀 관련이 없는, 투기에 의한 결과였습니다. 상품 수출은 세계 전체의 경기 침체 때문에 증가할 수가 없는 상황입니다. 유럽연합(EU) 가운데서는 그리스·포르투갈·아일랜드·스페인 등이 국가 채무가 너무 많다는 이유로 국제금융시장에서 자금을 조달할 수가 없어 유럽연합·유럽중앙은행·IMF로부터 구제금융을 받았는데, 이 구제금융은 사실상 위의 나라들에 대한 최대 채권국인 독일과 프랑스의 은행들을 파산에서 구해 준 것에 불과하며, 따라서 국가 채무의 문제, 은행 위기와 유로 위기는 해결되지 않고 있습니다. 중국은 거대한 신용 확대로 일으킨 부동산과 건설 붐으로 고도성장을 달성함으로써 세계경제의 견인차 역할을 했지만, 소득분배의 불평등이 심화하고 인플레이션이 급속히 진행되었으므로 정부가 신용 팽창을 줄이면서 목표 성장률을 낮추고 있습니다.

이런 국제적인 상황에서 2011년 2월에는 중동과 아프리카에서 민중들의 독재 정권 타도 운동이 요원의 불길처럼 번졌고, 2~3월에는 미국에서 위스콘신 주지사의 예산 삭감과 노동조합 단체협상권의 폐기에 대항하여 교사·고등학생·대학생·노동자·시민들이 주의회 의사당을 16일 동안 점거하는 사태가 벌어졌으며, 3월 10일에는 일본에서 대지진(진도 9.0)과 쓰나미가 일어나고 원자력 발전소에서 방사성 물질이 누출됨으로써 일본 사회가 큰 혼란에 빠지게 되었습니다. 이런 사건들이 세계대공황의 해결을 더욱 어렵게 하면서, 국가들 사이의 갈등과 현재의 자본주의 체제에 대한 비판을 더욱 강화하고 있습니다.

'새로운 사회'의 모델은 이미 어떤 형태로 우리에게 주어져 있는 것이 아닙니다. 지금의 사회가 가진 문제점을 해결하는 과정에서 우리가 우리의 뜻에 따라 새로 만들어 가는 사회입니다. 우리 모두가 바라는 사회이며 함께 토론하면서 그 내용을 채워 가야 하는 사회가 바로 새로운 사회입니다.

4. 한국 사회에 주는 교훈

한국 사회도 자본주의 사회이기 때문에 〈그림 7-3〉에서 보는 바와 같이 공황이 주기적으로 나타났습니다. 특히 1997년 12월에 폭발한 공황이 IMF에 의한 경제적 신탁통치를 초래함으로써, 한국 경제는 신자유주의적 구조 조정 — 외채 상환을 위한 긴축과 내핍, 수출

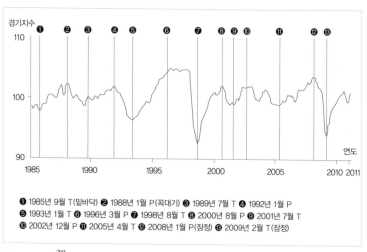

〈그림 7-3〉 한국의 경기순환

증진과 수입 억제, 부실 금융기업과 상공업기업의 정리, 상품시장·외환시장·자본시장의 개방과 자유화, 노동의 유연화, 공기업의 민영화, 각종 정부 지원과 경제적 규제의 폐지 등―을 피할 수가 없었습니다.

금융제도가 은행 중심에서 증권시장 중심으로 변경되었고, 다수의 금융기업과 상공업기업이 파산하거나 합병되었으며, 실업자와 빈곤층이 크게 증대했고, 빈부 격차가 심화하기 시작했습니다. 김대중 대통령(1998년 2월~2003년 2월 재임)은 IMF의 건의를 잘 수용했으며, 벤처 기업을 육성하는 과정에서 주식에 대한 '묻지마 투자'를 일으켜 광범한 시민들이 주식 투기의 단맛과 쓴맛을 보게 하였고, 소비 수요를 진작하기 위해 금융기업에게 신용카드 남발을 허용함으로써 나중에 신용 불량자의 양산과 카드회사들의 붕괴를 야기했습니다. *

노무현(2003년 2월~2008년 2월 재임) 정부 아래에서는 한국의 고질병인 부동산 투기가 다시 나타났습니다. 한국에서는 부동산, 특히 주택이 가장 수익성 좋은 투자 항목이어서, 모두들 빚을 내서라도 주택을 많이 가지려고 합니다. 가계가 가진 총자산의 80% 정도가 부동산으로 구성되어 있으며 국내 은행의 가계 대출 중 2/3가 부동산 관련 대출이고, 고소득층일수록 부동산 대출 비율이 높습니다. IMF 경제공

---

* 그러나 김대중 대통령은 4대 사회보험 ― 국민연금보험, 건강보험, 고용보험, 산업재해보상보험 ― 의 틀을 완성했고, '국민기초생활보장제도'를 실시했습니다. 그 뒤 노무현 대통령은 복지 재정을 연간 10%씩 증가시켰고, 사회서비스 개념을 도입하여 보육의 사회화를 실시하기 시작했으며 이명박 대통령은 보육 분야의 사회 서비스 확대에 기여했습니다.

황으로부터 탈피하는 과정에서 대기업과 부자들이 얻은 거대한 여유 자금이 부동산에 몰려 2005~2007년에는 큰 투기 붐을 이루었습니다.

부동산의 개발에는 프로젝트 파이낸싱(PF)이라는 새로운 기법이 사용되었습니다. 부동산 개발 '시행사'가 부지 확보, 자금 조달, 분양 마케팅까지 개발의 전체 과정을 책임지는 방법인데, 부동산 PF 대출은 크게 '브리지론' bridge loan(가교 대출)과 '본대출'로 나누어집니다. 시행사는 먼저 사업 계획서, 그리고 시공사(건설회사)의 사업 참여 의사를 확인하는 의향서, 땅을 팔겠다는 땅 주인의 약정서 등을 제2금융권(저축은행, 보험사, 증권사, 여신전문기관, 상호금융 등)에 제출해서 6개월 기간의 브리지론을 받습니다. 그 뒤 시행사는 사업 계획서, 토지 매매 계약서, 시공사의 공사 도급 계약서 등을 제1금융권(은행)에 제출해, 땅값 전체와 약간의 사업비를 대출받습니다. 시행사는 이 '본대출' 자금으로 제2금융권의 브리지론을 정리하고 땅 주인들에게 땅값을 정산합니다. 부동산 PF 대출은 부동산 경기 활황과 주택 가격 상승을 배경으로 금융기업들이 경쟁적으로 뛰어들었기 때문에 급성장했습니다. 국내 은행은 부동산 PF 대출에 열을 올려 예대율(총대출/총예금)이 2004년부터 100%을 초과하기 시작했고, 그러고도 대출 재원이 부족해 예금보다 조달 비용이 비싼 양도성 예금 증서(CD)나 은행채, 외화 차입에 의존했습니다.

2007년 말 주택을 두 채 이상 소유한 사람은 전국적으로 105만 명이었고 이들은 평균 4~5채씩 총 477만 채를 소유하고 있었습니

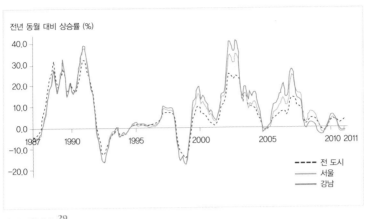

전년 동월 대비 상승률 (%)

```
40.0
30.0
20.0
10.0
 0.0
-10.0
-20.0
```

1987   1990   1995   2000   2005   2010 2011

- - - - 전 도시
───── 서울
───── 강남

출처: 기획재정부[29]

〈그림 7-4〉 지역별 아파트 가격 추이

다.[30] 이리하여 집값은 세계에서 가장 높은 수준에 이르렀고, 2008년
의 '소득 대비 주택 가격 비율'인 PIR(Price to Income Ratio)이 서울의
경우 12.64 ─ 서울에서 집을 사려면 12.64년 동안 자기의 소득을 모
두 모아야 한다는 뜻입니다 ─ 로 뉴욕의 7.22, 샌프란시스코의 9.09
를 능가했을 뿐 아니라 유엔거주권위원회가 적정하다고 제시하는 3
~5의 2.5~4.2배에 이른 것입니다.〈그림 7-4〉 참조)

노무현 정부는 주택 투기 붐을 진정시키기 위해 2005년 말, 부동
산(건물과 토지)을 과다 보유한 가계와 기업에게 종합부동산세(이하 '종
부세')를 부과하기로 입법했으며, 전체 부동산세 중에서 보유세의 비
율을 거래세에 비해 조금씩 상승시켰습니다. 주택 투기 붐에 따라

아파트가 과잉건설되었기 때문에 2006년 하반기부터 아파트의 미분양 물량이 늘어나기 시작했고, 분양 대금이 제대로 들어오지 않자 시행사·시공사·은행들이 타격을 받았습니다. 저축은행 등 제2금융권은 은행들의 PF 대출 심사가 강화되어 브리지론이 PF 대출로 전환되지 않는 사례가 늘어나자 큰 자금 압박을 받았으며, 가장 먼저 파산 위기에 빠졌습니다. 건설회사 중 워크아웃에 들어가는 대기업들이 늘어났고 은행은 원화 유동성 위기에 시달리게 되었습니다. 그리고 다수 주택의 소유자는 집값 하락으로 은행 대출을 갚지 못할까 전전긍긍하게 되었습니다.

이런 국내 상황에서 이명박 후보가 747공약─매년 7%로 경제를 성장시켜 1인당 국민소득을 4만 달러로 끌어올려 세계 7위의 경제 대국을 만들겠다는 공약─을 내세워 2007년 12월 대통령에 당선되었습니다.* 이명박 정부는 과거 정부와는 달리 부동산 투기로 돈을 번 부자를 고위 공직자에 임명하기 시작했는데, 이것은 '부자에 의한, 부자를 위한, 부자의 정부'임을 확실하게 알리는 계기가 되었습니다. 이명박 정부의 경제정책은 다음과 같은 특징을 보였습니다. 먼저 대기업과 부자들을 위해 소득세·법인세·양도소득세를 감면했고, 종부세를 대폭 삭감해 부동산 경기를 살리려고 노력했습니다.**

---

* 이명박 후보가 내세운 세종시, 동남 지방 국제공항, 과학 벨트 등에 관한 공약이 무산된 것과 마찬가지로 747공약은 당선되자마자 폐기 처분되지 않을 수 없었습니다.
** 종부세의 징수액은 2007년 2조 4,000억 원, 2008년 2조 1,000억 원이었는데, 이명박 정부의 조세 감면으로 2009년에는 1조 2,000억 원으로 반감했습니다.

둘째로는 전국을 운하로 연결하는 4대강 토건 사업을 개시하여 고용을 증가시키려고 했습니다. 셋째로는 미국과의 쇠고기 수입 협상과 운하 건설에 반대하는 촛불시위를 억압하는 과정에서 모든 노동운동과 시민운동을 공권력으로 무자비하게 탄압하는 것이 가장 '효율적'이라는 교훈을 얻은 것 같습니다.

이명박 정부가 제대로 정신을 차리기도 전에, 2008년 9월 리먼브라더스의 파산과 세계대공황이 시작되었습니다. 외국 투자자들이 주식시장에서 돈을 회수해 본국에 송금하는 과정에서 주가는 폭락하고, 외화 자금의 거대한 순유출로 환율은 폭등했으며, 국내 자금시장이 경색되어 금리가 큰 폭으로 상승했습니다. 국내 경제의 수출 의존도가 너무 높기 때문에 세계대공황에 따른 수출 급락이 제조업 경기의 급락과 경제 전체의 침체를 야기한 결과, 2009년도의 국내총생산 성장률은 0.3%로 떨어졌습니다.

이에 정부는 대통령의 전문 직종인 토건 사업을 통해 경제를 살리려고 했습니다. 과잉생산된 아파트가 팔리지 않자, 시행사로 하여금 가격을 낮추어서 판매하도록 독려한 것이 아니라 오히려 가격을 그대로 둔 채 아파트에 대한 수요를 증가시키는 정책을 시행한 것입니다. 종부세와 양도세를 대폭 인하하여 부자가 다수의 아파트를 소유하도록 권장하고, 아파트 구매자를 위한 대출 자금을 공급하며, 미분양 아파트를 정부 스스로 매입했습니다. 이리하여 아파트 가격은 낮아지지 않은 채 아파트 매매는 침체하여, 저축은행의 부실과 건설업체의 경영난은 더욱 심해졌고, 은행의 부실채권 비율은 더욱 높아졌습니다. 한국 사회에 필요한 것은 부동산에 대한 투기를 근절하여 상공업기업과 금융기업 및 가계가 불로소득에 대한 유혹에서 벗어나서 생산적인 활동에 전념하는 것인데, 이명박 정부는 건설회사와 다주택 소유자의 이익을 위해 정반대의 정책을 계속 취하고 있습니다.

다음으로, 이명박 정부는 4대강 개발을 통해 고용과 소비를 증가시킨다고 주장하면서 30조의 혈세를 쏟아붓고 있습니다. 4대강 개발이 오히려 환경을 파괴하는 일이라는 점은 차치하더라도, 이 개발은 고용을 증가시키지 않으면서 대형 건설업체에게만 이익을 줍니다. 정부가 예컨대 2,853억 원을 투입하면, 58.2%인 1,663억 원은 자재비·인건비 883억 원과 마진 780억 원으로 대형 원도급업체에 들어가며 대부분의 이익은 사내유보로 남습니다. 나머지 41.8%인 1,190억 원이 3, 4, 5차 다단계 하도급 과정을 통해 중간 마진 형태로 상당 부분 사라집니다. 따라서 최종 시공 인력, 덤프트럭·중장비 기사 등에게 돌아가는 금액은 당초 예산의 30%에도 못 미칩니다. 또한 시공 인력 중 30~40%를 차지하는 외국인 노동자들은 임금을 대부분 본국으로 송금하기 때문에 국내 소비 진작 효과는 더욱 낮아집니다. 그러므로 저는 4대강 사업을 하지 말고, 양질의 많은 일자리를 만드는 사회 서비스─출산·보육·교육·의료 및 노인 요양 등─에 투자하라고 요구하는 것입니다.

한국에서도 미국과 마찬가지로 노동자의 임금이 아니라 가계 부채가 유효수요의 중심이 되고 있습니다. 그러나 가계 부채를 통한 유효수요의 증대가 장기적으로 지속 가능한 해법이 아님은 이미 미국에서 증명되었습니다. 가계의 부채 상승과 낮은 저축률은 신규 차입 여력과 부채 상환 능력의 감소를 의미하므로, 어느 지점에 가면 가계 부채가 지지했던 거품은 붕괴하기 마련입니다. 한국에서도 개인 순저축률은 2009년 4.1%에서 2010년 3.9%로 감소했으며, 총소득 중 노동 소득 분배율도 60.9%에서 59.2%로 낮아졌습니다.

특히 한국 경제는 수출 중심의 경제체제이므로, 수출업체(주로 재벌 기업)의 수출 경쟁력과 수익성을 올리기 위해서는 노동계급의 불행(예컨대 임금은 깎이고 해고는 고용주 마음대로이며 노동운동은 공권력에 의해 탄압받는 것)과 원화 가치의 저하(원/달러 환율 인상)가 필요합니다. 지금까지 정부는 정책적으로 원/달러 환율을 높게 유지함으로써, 수출업자에게는 이익을 주었지만 수입 상품(대표적으로 석유)의 가격을 올려 주민 전체에게 물가 상승의 고통을 가한 것입니다. 2011년 3월 30일에는 환율이 2008년 9월 10일 이후 2년 6개월 만에 정부의 마지노선인 1,100원/달러 이하로 떨어졌다고 큰 토픽이 되었습니다.

사실상 한국 경제는 소수의 재벌들이 지배하고 있는데, 재벌 총수는 대체로 도덕성이 없으며 독재적이어서 국민들의 비판을 받고 있습니다. 왜 실업자가 양산되겠습니까? 자본가들이 이윤을 증가시키기 위해 취업자를 해고하고 고용을 늘리지 않기 때문입니다. 최근 몇 년 동안 기업들은 엄청난 이윤을 보았지만 그 이윤을 투자에 사용하지 않고 임원들끼리 나누어 먹든지 주주들에 대한 배당을 크게 높일 뿐이었습니다. "기업하기 좋은 환경"을 만든다고 노동자들이 희생하면서 이윤을 많이 얻게 했더니, 자본가들은 그 이윤으로 노동자들을 고용하기보다는 자기들끼리 돈 잔치를 벌인 것입니다. 실업자들을 없애는 간단한 방법이 있습니다. 예컨대 국회가 법정 노동시간을 하루 8시간에서 하루 4시간으로 줄이면 지금의 실업자들은 모두 사라질 것입니다. 왜 이것을 못합니까? 이렇게 되면 자본가들이 이윤을 얻을 수 없다고 외치면서 국회의원들을 설득하기 때문입니다. "소수의 거대한 재벌 총수들이 한국 경제를 자기 마음대로 지배하는 것"을 문제로 삼아 모든 주민이 민주적으로 경제를 운영하자고 주장하면 어떨까요? 인구의 대다수를 차지하면서 지금까지 억압받았던 노동자·농민·서민이 민주주의적 투표에 의해 세력을 잡을 수 있습니다. 정부·금융기관·공장·학교·병원 등은 모두 노동자들이 자주적으로 경영하고, 농업과 어업은 농민과 어민들이 담당하면 될 것입니다. 왜냐하면 머리나 기술은 재벌 총수에게 있는 것이 아니고, 기업 운영의 모든 것을 더욱 자세히 아는 건 노동자들이기 때문입니다. 이런 새로운 사회에서는 자유롭고 평등한 생산자들이 자발성·헌신성·연대성·창의성을 더욱 잘 발휘하여, 재벌의 이윤 욕구가 아니라 주민들의 필요를 충족시키는 민주주의적 참여 사회, 더불어 잘사는 사회를 만들 수 있을 것입니다.

부록

—

세계금융공황 일지[31]

2007년

02.27.   프레디맥Freddie Mac(Federal Home Loan Mortgage Corporation), 가장 위험한 비우량 모기지 및 관련 증권의 매입을 중단함.

04.02.   미국의 2위 비우량 모기지 대출업체 뉴센추리파이낸셜(New Century Financial Corporation), 파산 보호 신청.

06.07.   베어스턴스Bear Stearns, 자기의 펀드(High-Grade Structured Credit Strategies Enhanced Leverage Fund)에서 자금 인출하는 것을 정지시킴.

06.28.   미국 연방준비제도(Federal Reserve System, 미국의 중앙은행; 이하 Fed)의 연방공개시장위원회 FOMC(Federal Open Market Committee), 연방기금 금리(민간 예금은행이 중앙은행에 가진 준비금 초과분인 연방기금을 다른 민간 예금은행에 대부하는 금리)를 5.25%로 유지함.

07.31.   베어스턴스, 각종 모기지 담보 증권에 투자한 2개 펀드를 해체함.

08.06.   미국 10위 모기지 대출업체 아메리칸홈모기지인베스트먼트(American Home Mortgage Investment Corporation), 파산 보호 신청.

08.09.   프랑스의 최대은행 BNP파리바Paribas, 3개 투자 펀드에서 자금 인출하는 것을 정지시킴.

08.17.   Fed, 재할인율(민간 금융기관에 대한 중앙은행의 금리)을 6.25%에서 50bp(0.5%) 인하하여 5.75%로 하고, 대출 기간을 하룻밤(overnight)에서 30일로 연장함.(이후 2008년 3월 16일 베어스턴스의 매각을 맞아 90일로 연장되었다가 2010년 3월 18일 다시 하룻밤으로 돌아감)

09.14.   영국 재무부, 뱅크오브잉글랜드(Bank of England, 영국의 중앙은행)를 통해 영국 5위의 모기지 대출업체 노던로크Northern Rock에게 유동성을 공급함.

09.18.   Fed, 연방기금 금리와 재할인율을 50bp씩 인하하여 각각 4.75%와

5.25%로 함.

10.31. Fed, 연방기금 금리와 재할인율을 25bp씩 인하하여 각각 4.50%와 5.00%로 함.

11.01. 금융시장에서 은행간 차입과 대출을 기피하여 자금시장의 유동성이 격감함.

12.11. Fed, 연방기금 금리와 재할인율을 25bp씩 인하하여 각각 4.25%와 4.75% 로 함.

12.12. Fed, '기간자금 경매기금' TAF(Term Auction Facility)를 설치하여 일정한 금액의 기간자금(주로 28~84일 만기)을 예금은행에게 경매함; 유럽중앙은행(European Central Bank, ECB) 및 스위스국립은행(Swiss National Bank, SNB)과 각각 200억 달러와 40억 달러의 스왑 거래(6개월 만기)를 체결함.

12.21. Fed, TAF 경매는 매 2주마다 금융시장 상황이 요구하는 한 실시하기로 함.

2008년

01.11. 뱅크오브아메리카(Bank of America, 이하 BOA), 컨트리와이드파이낸셜(Countrywide Financial Corporation)을 40억 달러에 인수한다고 발표함.

01.22. Fed, 연방기금 금리와 재할인율을 75bp씩 인하하여 각각 3.50%와 4.00% 로 함.

01.30. Fed, 연방기금 금리와 재할인율을 50bp씩 인하하여 각각 3.00%와 3.50% 로 함.

02.13. 부시 대통령, 주로 세금환급방식에 의한 1,500억 달러의 경기부양책

(Economic Stimulus Act of 2008)에 서명함.

02.17.   영국 재무부, 노던로크를 국유화함.

03.05.   칼라일캐피탈(Carlyle Capital Corporation), 모기지 증권 펀드에 대한 '추가 증거금 납부 요구'(margin calls)를 충족시키지 못해 채무불이행 상태에 빠짐.

03.11.   Fed, '기간증권대출기금' TSLF(Term Securities Lending Facility)를 신설하여 유동성이 낮은 증권들(연방기구 주택 MBS, 민간발행의 AAA등급 주택 MBS, 기타 증권들)을 담보로 재무부 증권을 28일간 대부함.

03.14.   Fed, JP모건체이스가 베어스턴스를 인수하는 조건을 승인함.

03.16.   Fed, '국채거래업자 신용기금' PDCF(Primary Dealer Credit Facility)를 신설하여, 중앙은행과 직접 거래하는 국채 거래업자들(primary dealers)에게 광범한 투자 등급 증권들에 대하여 재할인율로 대부함; 재할인율을 25bp 인하하여 3.25%로 하면서 재할인율과 연방기금 금리 사이의 차이를 50bp에서 25bp로 좁힘; 재할인 자금의 만기를 90일로 연장함.

03.18.   Fed, 연방기금 금리와 재할인율을 75bp씩 인하하여 각각 2.25%와 2.50%로 함.

03.24.   뉴욕 연방준비은행(New York FRB), JP모건체이스가 베어스턴스(자산 가치가 300억 달러로 추정됨)를 인수하는 데 290억 달러를 재할인율로 대부함. 만약 손실이 생기면 처음의 10억 달러는 JP모건체이스가 짊어지고, 그 다음의 손실 모두는 NY FRB가 짊어지기로 함.

04.30.   Fed, 연방기금 금리와 재할인율을 25bp씩 인하하여 각각 2%와 2.25%로 함.

05.02.   Fed, TSLF의 적격 담보 범위를 넓힘.

06.05.   Fed, BOA가 컨트리와이드파이낸셜을 인수하는 것을 승인함.

07.11.   미국 2위 모기지 대출업체 인디맥뱅크IndyMac Bank 파산.

07.13. NY FRB, 국책 모기지 대출업체인 패니메이Fannie Mae(Federal National Mortgage Association)와 프레디맥에게 자금을 공급함. 미국 재무부, 패니메이와 프레디맥의 신용 한도를 확대하고, 필요하다면 두 업체의 주식을 구매한다고 발표함.

07.15. 미국 증권거래위원회 SEC, 패니메이와 프레디맥 및 프라이머리 딜러들이 발행한 증권들에 대한 공매도空賣渡(naked short selling)를 일시적으로 금지함.

07.30. 부시 대통령, '2008년도 주택·경제회복법'(Housing and Economic Recovery Act of 2008)에 서명. 재무부가 GSEs(Government-Sponsored Enterprises; 패니메이, 프레디맥, 지니메이 등 국책기업들)의 채무를 매입할 권한을 갖게 되고, 새로 생긴 연방주택금융국 FHFA(Federal Housing Finance Agency)가 국책기업들을 감독하게 됨.

09.07. FHFA, 패니메이와 프레디맥의 재산 관리자(conservator)가 되어 새로운 자금을 지원함.

09.15. BOA, 메릴린치(Merrill Lynch & Co.)를 500억 달러에 매입할 의향을 발표함.(11.26. Fed, BOA의 메릴린치 매입을 승인함); 리먼브라더스(Lehman Brothers Holdings Incorporated), 파산 보호 신청.

09.16. NY FRB, AIG(American International Group)에게 850억 달러 대출함.

09.17. SEC, 금융주의 공매도를 잠정 금지함.

09.19. Fed, '자산 담보 상업어음의 매입을 통한 화폐시장 뮤추얼펀드 유동성 공급기금' AMLF(ABCP MMMF Liquidity Facility)를 설치하여, 예금은행과 은행지주회사가 화폐시장 뮤추얼펀드로부터 높은 등급의 자산담보부 상업어음을 매입하는 것을 쉽게 하기 위하여 그들에게 재할인율로 비소구(non-recourse) 대출(제공한 담보 이상의 손실은 상환할 의무가 없는 대출)을 제공함.

09.20. 미국 재무부, 금융기관의 문제 자산(troubled assets)을 매입할 수 있게 하는 구제금융법안 TARP(Troubled Asset Relief Program)를 의회에 제출함.

09.21. Fed, 투자은행인 골드먼삭스Goldman Sachs와 모건스탠리Morgan Stanley가 은행지주회사가 되는 것을 승인함.

09.25. 저축기관감독청(Office of Thrift Supervision), 미국 최대 저축은행인 워싱턴뮤추얼뱅크(Washington Mutual Bank)를 폐쇄함. JP모건체이스가 연방예금보험공사 FDIC(Federal Deposit Insurance Corporation)의 중재로 이 은행의 금융 부문을 19억 달러에 매입함.

09.29. 미국 하원, 재무부가 제출한 TARP를 거부함.

10.03. 미국 하원이 7,000억 달러 규모의 TARP를 승인하는 '2008년도 긴급 경제안정법'(Emergency Economic Stabilization Act of 2008)을 통과시키고, 부시 대통령이 서명함.

10.07. Fed, '상업어음 매입기금' CPFF(Commercial Paper Funding Facility)를 설립하여 적격 발행자의 상업어음을 직접 매입함; FDIC, '2008년도 긴급 경제안정법'(Emergency Economic Stabilization Act of 2008)에 따라 각 예금자에 대한 예금보험 한도를 10만 달러에서 25만 달러로 증액함.

10.08. Fed, 연방기금 금리와 재할인율을 50bp씩 인하하여 각각 1.50%와 1.75%로 함.

10.12. Fed, 웰스파고Wells Fargo의 와코비아(Wachovia Corporation) 매입을 승인함.

10.14. 미국 재무부, TARP의 자본 매입 프로그램(Capital Purchase Program)에 따라 미국 금융기업의 우선주를 2,500억 달러 매입하기로 함.(10.28. 9개 은행의 우선주 1,250억 달러 매입; 11.14. 21개 은행 335억 달러 매

입; 11.21. 23개 은행 30억 달러 매입; 12.05. 35개 은행 40억 달러 매입; 12.12. 28개 은행 62억 5,000만 달러 매입; 12.19. 49개 은행 279억 달러 매입; 12.23. 43개 은행 151억 달러 매입; 12.31. 7개 은행 19억 1,000만 달러 매입; 2009.01.09. 43개 은행의 우선주 48억 달러 매입; 01.16. 39개 은행 14억 달러 매입; 01.23. 23개 은행 3억 2,600만 달러 매입; 01.30. 42개 은행 11억 5,000만 달러 매입; 02.06. 28개 은행 2억 3,850만 달러 매입; 02.13. 29개 은행 4억 2,900만 달러 매입; 02.24. 23개 은행 3억 6,540만 달러 매입; 02.27. 28개 은행 3억 9,490만 달러 매입; 03.06. 22개 은행 2억 8,470만 달러 매입; 03.13. 19개 은행 14억 5,000만 달러 매입; 03.20. 10개 은행 8,080만 달러 매입; 03.27. 14개 은행 1억 9,300만 달러 매입; 03.31. 4개의 은행지주회사는 TARP의 자본 매입 프로그램에서 재무부에게 발행한 우선주를 모두 재매입한다고 발표. 04.03. 10개 은행의 우선주 5,480만 달러 매입; 04.10. 5개 은행 2,280만 달러 매입; 04.17. 6개 은행 4,090만 달러 매입; 04.24. 12개 은행 1억 2,180만 달러 매입; 05.01. 7개 은행 4,550만 달러 매입; 05.08. 7개 은행 4,200만 달러 매입; 05.15. 14개 은행 1억 760만 달러 매입; 05.22. 12개 은행 1억 800만 달러 매입; 05.29. 8개 은행 8,900만 달러 매입; 06.05. 3개 은행 4,000만 달러 매입; 06.12. 7개 은행 3,900만 달러 매입; 06.19. 10개 은행 8,470만 달러 매입.)

10.21.   Fed, 화폐시장 투자자기금 MMIFF(Money Market Investor Funding Facility)를 신설하여, 신용 등급이 높은 금융기관이 발행한 90일 이하 만기의 달러 표시 예금증서와 상업어음을 매입함.

10.24.   PNC 파이낸셜서비시스(PNC Financial Services Group Inc.)가 내셔널시티(National City Corporation)를 매입하여 미국 5위의 은행이 됨. (12.15. Fed 승인)

10.29.	Fed, 연방기금 금리와 재할인율을 50bp씩 인하하여 각각 1.00%와 1.25%로 함; Fed, 한국·브라질·멕시코·싱가포르 중앙은행과 각각 300억 달러의 통화 스왑을 체결함.
11.04.	민주당의 버락 오바마, 미국 제44대 대통령 당선.
11.10.	Fed, 아메리칸익스프레스American Express와 아메리칸익스프레스 여행관련서비스(American Express Travel Related Services)가 은행 지주회사가 되는 것을 승인함; Fed와 재무부, AIG에 대한 금융 지원을 조정. 재무부가 AIG의 우선주를 400억 달러 매입하고(이 중 일부로 AIG에 대한 Fed의 대출액을 850억 달러에서 600억 달러로 줄임), Fed가 새로 525억 달러를 대출함. 결국 AIG에 대한 구제금융이 850억 달러에서 1,525억 달러가 됨.
11.17.	미국 3대 생명보험회사(Lincoln National, Hartford Financial Services Group, Genworth Financial)가 TARP 자금을 받기 위해 저축기관이 되겠다고 함.
11.18.	포드Ford, GM(General Motors), 크라이슬러Chrysler의 대표들이 TARP 자금을 요구하며 의회에서 증언함.
11.23.	미국 재무부·Fed·FDIC, 시티그룹에 대한 구제금융을 발표함. 시티그룹이 보유한 상업용 건물과 주택 증권 3,060억 달러에 대한 손실을 보호하는 것에 대한 보상으로 시티그룹은 재무부와 FDIC에게 우선주를 발행하고, Fed는 위의 자산의 기타 위험에 대해서는 비소구(non-recourse) 대출을 통해 지원하며, 또한 재무부는 시티그룹에 대해 TARP 자금으로 200억 달러를 추가 투자하기로 함.
11.25.	Fed, '기간자산담보증권 대출기금' TALF(Term Asset-Backed Securities Lending Facility)를 신설하여, AAA등급 자산 담보 증권의 소유자와 최근의 소비자·중소기업 대출자에게, 담보 이상의 손실은 상환할 의

무가 없는 조건으로 2,000억 달러까지 대출하기로 함.

12.11.   전국경제조사국 NBER(National Bureau of Economic Research)의 경기순환 시점결정위원회(Business Cycle Dating Committee), 미국 경제활동의 꼭대기는 2007년 12월에 있었고 그 뒤부터 미국 경제는 경기후퇴에 빠졌다고 발표함.

12.16.   Fed, 연방기금 금리의 목표를 0~0.25%로 결정하고, 재할인율을 75bp 인하하여 0.50%로 함.

12.19.   미국 재무부, GM과 크라이슬러에게 TARP로부터 각각 134억 달러와 40억 달러를 대출하기로 함.

12.22.   Fed, CIT그룹(자산 810억 달러의 금융회사)이 은행지주회사가 되는 것을 승인함.

12.24.   Fed, GMAC LLC(Limited Liability Co.)와 IBFHC(IB Finance Holding Company LLC)가 합병하여 은행지주회사 GMAC뱅크가 되는 것을 승인함. 이리하여 GM은 GMAC에 대한 소유권을 10% 이하로 감축함.

2009년

01.05.   Fed, 패니메이·프레디맥·지니메이Ginnie Mae(Government National Mortgage Association)가 보증한 고정 이자율 모기지 담보 증권의 매입을 시작.(2008년 11월 25일의 TALF에 의거한 것임)

01.16.   BOA 구조조정 발표됨. 재무부와 FDIC는 BOA의 자산 1,180억 달러(대출·증권·기타 자산)의 손실 분담을 우선주와 교환하는 방식으로 실시하며, 이 자산의 기타 손실에 대해서는 비소구 대출을 제공하고, 또한 재무부는 TARP로부터 200억 달러를 BOA의 우선주 매입에 투자하기로 함;

미국 재무부, 자동차 판매를 위한 소비자 금융을 확대하기 위해 크라이슬러에게 TARP에서 15억 달러 대출함.

02.10.　Fed, TALF를 1조 달러까지 확대하고, 적격 담보에 AAA등급의 상업용 건물 모기지 담보 증권, 민간 주택 모기지 담보 증권, 그리고 기타 증권을 포함하기로 함.(TALF의 확대는 TARP로부터 1,000억 달러를 지원받은 것임)

02.17.　오바마 대통령, 경제회복을 위해 각종 지출과 감세를 포함한 '2009년도 미국 회복·재투자법'(American Recovery and Reinvestment Act of 2009)에 서명함.(7,870억 달러 규모)

02.18.　오바마 대통령, '주택 소유자 안정 계획'(Homeowner Affordability and Stability Plan)을 발표함.

02.26.　FDIC, '문제 은행'의 수가 2008년 9월 말의 171개(자산 1,160억 달러)에서 2008년 말에는 252개(자산 1,590억 달러)로 증가했고, 2008년에는 파산한 은행이 25개이고 지원을 받은 은행이 5개로서 1993년 이래 최대 규모였다고 발표함; 패니메이, 2008년 4/4분기 손실은 252억 달러이고 2008년 전체의 손실은 587억 달러였다고 발표함.

03.02.　AIG, 2008년 4/4분기 손실은 617억 달러이고 2008년 전체 손실은 993억 달러였다고 발표함.

03.11.　프레디맥, 2008년 4/4분기 손실은 239억 달러이고 2008년 전체의 손실은 501억 달러였다고 발표함.

03.18.　Fed, 국책기관(패니메이, 프레디맥, 지니메이 등) 발행의 모기지 담보 증권을 금년에 추가로 7,500억 달러 매입하여 총매입액을 1조 2,500만 달러로 증가시키고, 국책기관의 채무를 금년에 1,000억 달러 매입하여 총 매입액을 2,000억 달러로 증가시킬 것이며, 민간 신용시장의 상황을 개선하기 위해 앞으로 6개월에 걸쳐 3,000억 달러의 장기 재무부증권을 매

입할 것이라고 발표함.

03.19. 미국 재무부, 자동차 산업을 위해 50억 달러를 지원하는 Auto Supplier
Support Program을 발표함; FDIC, 2008년 7월 11일부터 관리하게 된
인디맥연방은행(IndyMac Federal Bank)을 원웨스트뱅크OneWest
Bank에 매각하는 것을 완수함. 원웨스트는 인디맥의 모든 예금을 인수
하고, 인디맥의 33개 지점은 3월 20일 원웨스트의 지점으로 다시 엶.
2009년 1월 31일 현재 인디맥의 총자산은 235억 달러, 총예금은 64억 달
러였음. 인디맥은 2008년 4/4분기 손실을 26억 달러라고 발표했고,
FDIC 연방보험기금의 총 예상 손실은 107억 달러임.

03.31. 4개의 은행지주회사(Bank of Marin Bancorp, Iberiabank Corpora-
tion, Old National Bancorp, Signature Bank)는 TARP의 자본 매입 프
로그램에 의거해 재무부에게 발행한 우선주를 모두 재매입했다고 발표
함.

04.02. 미국 금융회계기준위원회 FASB(Financial Accounting Standards
Board)가 은행과 기타 금융기관이 보유한 '문제 자산'의 회계를 완화하
는 새 기준을 승인함. 특히 활동적인 시장이 없는 자산들의 공정한 가치
를 어떻게 결정하는가에 관한 기준을 제공함.

05.08. 패니메이, 2009년 1/4분기 손실이 232억 달러라고 보고함. 2008년 9월 6
일부터 패니메이의 재산관리인이 된 연방주택금융국(FHFA)은 패니메
이와 재무부가 맺은 Senior Preferred Stock Purchase Agreement(패니
메이의 순자산이 마이너스가 되는 것을 막기 위해 재무부가 패니메이로
부터 '최우선'senior의 우선주를 매입하는 협약)에 의거하여 재무부에
190억 달러를 요구함.

05.12. 프레디맥, 2009년 1/4분기 손실이 99억 달러이며 2009년 3월 31일 현재
순자산이 마이너스 60억 달러라고 보고함.

05.19. Fed, 높은 등급의 상업용 부동산 모기지 담보 증권 — 2009년 1월 1일 이 전에 발행된 'legacy CMBS'로서 적어도 주요 두 곳의 신용평가기관으로부터 AAA등급을 받아야 함 — 은 7월 1일부터 TALF의 적격 담보가 된다고 발표함.

05.27. FDIC, '문제 은행'의 수가 2008년 4/4분기 말의 252개(자산 가치 1,590억 달러)로부터 2009년 1/4분기 말에는 305개(자산 가치 2,200억 달러)로 증가했고, 또한 2009년 1/4분기에 파산한 은행 수는 21개로써 이것은 1992년 1/4분기 이래 한 분기 중 최다라고 발표함.

06.01. GM과 3개 국내 지사가 파산 보호 신청.

06.09. 미국 재무부, TARP의 자본 매입 프로그램에 참가한 10대 미국 금융기업은 자기들이 받은 자본을 상환할 조건을 충족시켰으므로 그들은 원하면 680억 달러에 달하는 상환금을 돌려받겠다고 발표함.

06.25. AIG, 뉴욕 연방준비은행에 진 채무를 250억 달러만큼 감소시키기 위해 자기의 자회사 American International Assurance Company와 American Life Insurance Company의 주식을 보유하는 두 개의 새로운 특별목적회사(Special Purpose Vehicles or Entities)의 우선주를 각각 160억 달러와 90억 달러 주기로 발표함.(12월 1일 이 거래 완결)

06.26. 미국 재무부, TARP의 주식 매입 프로그램에 의거하여 보통주를 매입할 수 있는 '주식 매입 보증서'(warrants)를 받았으나 아직까지 실행하지 않았으므로, 은행들은 이 보증서를 재구매하기 바란다고 발표함.

07.08. 미국 재무부·Fed·FDIC, '과거 증권에 대한 민관 공동투자 프로그램'(Legacy Securities Public-Private Investment Program)을 발표함.

07.15. '2009년의 사기 적발과 금융질서 회복법'〔Fraud Enforcement and Recovery Act of 2009(2009년 5월 20일 입법)〕에 의거해 설립된 금융공황 조사위원회의 위원들을 하원이 지명함. 이 위원회는 2010년 12월 15

일까지 금융공황의 원인들을 하원에 보고해야 함.

08.06. 패니메이, 2009년 2/4분기의 손실이 148억 달러라고 발표함.

08.25. 오바마 대통령, 버냉키B. S. Bernanke를 연방준비제도 이사회 의장으로 다시 임명함.

09.18. 미국 재무부, 화폐시장 펀드의 보증 프로그램〔Guarantee Program for Money Market Funds(2008년 9월 리만브라더스의 파산과 함께 실시됨)〕의 종결을 발표함; 이것의 개시 이래 재무부는 아무런 손실도 보지 않고 참가비로 12억 달러를 벌었다고 발표함.

10.14. 다우존스 산업평균지수가 2008년 10월 3일 이래 처음으로 1만을 넘긴 채 마감함.

11.01. CIT그룹이 파산 보호를 신청함. 미국 정부는 TARP에 의거하여 2008년 12월 CIT의 우선주 23억 달러를 매입했는데, 파산으로 인해 미국 정부를 포함해 CIT 현재 주주들의 주식 자산이 사라지게 됨.(CIT는 파산 이후 12월 10일 회생함)

11.05. 패니메이, 2009년 3/4분기의 순손실을 189억 달러(전 분기에는 148억 달러)라고 발표함. 패니메이는 2008년 9월 정부의 관리 아래 들어간 이래 1,110억 달러의 손실을 입음.

12.02. 뱅크오브아메리카, TARP 아래에서 미국 재무부에 발행한 우선주 누적 액 450억 달러를 재매입한다고 발표함.

2010년

02.01.   Fed, CPFF(Commercial Paper Funding Facility), AMLF(Asset-Backed Commercial Paper Money Market Mutual Fund Liquidity Facility), PDCF(Primary Dealer Credit Facility), TSLF(Term Securities Lending Facility programs)를 종료함.

02.18.   Fed, 재할인율을 0.5%에서 0.75%로 인상.

02.23.   FDIC, '문제 은행'의 수는 2009년 3/4분기 말의 552개(자산 3,459억 달러)에서 2009년 4/4분기 말에는 702개(자산 4,028억 달러)로 증가함.

02.24.   프레디맥, 2009년 4/4분기의 순손실은 65억 달러이고 2009년 전체의 순손실은 216억 달러(2008년에는 501억 달러)라고 발표함.

02.26.   패니메이, 2009년 4/4분기의 순손실은 152억 달러이고 2009년 전체의 순손실은 720억 달러이며, 2009년 말 순자산은 마이너스 153억 달러라고 발표함.

05.05.   프레디맥, 2010년 1/4분기의 순손실은 67억 달러이고, 3월 말 순자산은 마이너스 105억 달러라고 발표함.

05.09.   IMF, 그리스에게 3년간 264억 SDR(300억 유로) 대기성 차관 승인함.

05.10.   유럽연합, 5,000억 유로의 유럽 금융안정 메커니즘을 포함한 포괄적인 조치를 결정함; 패니메이, 2010년 1/4분기 순손실이 115억 달러(2009년 4/4분기에는 152억 달러)라고 발표함.

05.26.   미국 재무부, 보유하고 있는 시티그룹의 보통주 총 77억 주 중 15억 주를 매각한다고 발표. 이 보통주는 TARP의 자본 매입 프로그램에 의거해 얻은 우선주와의 교환으로 2009년 7월 얻은 것임.

07.21.   오바마 대통령, 도드-프랭크 월가 개혁과 소비자 보호를 위한 법(Dodd-Frank Wall Street Reform and Consumer Protection Act)에 서명. 완

전한 명칭은 '금융제도의 책임성과 투명성을 개선하여 미국의 금융적 안정을 도모하고, "대마불사"를 끝내며, 구제금융을 없애서 미국 납세자를 보호하며, 수탈적인 금융 서비스 관행으로부터 소비자를 보호하는 법'임. 이 법안은 2009년 12월 2일 하원에서 바니 프랭크Barney Frank에 의해 그리고 상원에서 크리스 도드Chris Dodd에 의해 제안되었고, 하원과 상원에서 논의·수정되어 7월 15일까지 하원과 상원을 통과해, 7월 21일 오바마 대통령이 이에 서명함.

11.03. Fed, 2011년 6월 말까지 6,000억 달러(매월 약 750억 달러)의 장기 재무부증권을 매입한다고 발표함. 이른바 '양적 완화' 정책임.

11.22. 유럽연합과 IMF, 아일랜드를 위한 3년간의 공동 금융지원 프로그램에 합의함.

11.23. 미국 재무부, GM의 주식을 새로 상장하여 117억 달러를 얻음으로써, TARP 자금 중 회수한 총액이 2,500억 달러를 초과한다고 발표함.

11.24. 아일랜드 정부, 앞으로 4년 동안 지출 삭감과 세금 인상을 통해 예산 적자를 150억 유로(205억 5,000만 달러)만큼 줄여서, 2011년에는 GDP에 대한 예산 적자의 비율을 9.1%로 감축하겠다고 발표함.

12.01. Fed, 최근의 금융공황에서 금융시장을 안정시키려고 행한 2만 1,000개의 거래를 자세하게 발표함.

12.07. 미국 재무부, 시티그룹의 나머지 보통주를 모두 매각함.

2011년

01.14. NY FRB, 2010년 9월 30일에 발표한 재자본화(recapitalization)의 마감 으로 말미암아 AIG에 대한 지원을 종결함과 동시에 AIG에 대한 대출의 완전한 상환도 종결한다고 발표함.

01.27. 금융공황조사위원회, 미국의 금융공황과 경제공황의 원인에 관한 최종 보고서를 공개함.

02.11. 재무부·주택도시개발부, 미국 주택금융시장의 개혁에 관한 보고서를 의 회에 제출함.

04.13. 미국 상원 상설 범죄수사 소위원회(US Senate Permanent Subcommit-tee on Investigations), 2년간에 걸친 수사보고서인 "월가와 금융공황: 금융 붕괴의 해부"를 발표함. 이 보고서는 금융공황과 뒤이은 경기후퇴 가 모지기 대출업자와 은행 측의 체계적인 사기 및 횡령의 결과였으며, 이 사기와 횡령은 신용평가기관과 정부의 금융 규제 기구들이 공모한 것 이라고 주장함.

주

1 http://www.bea.gov/national/nipaweb/TableView.asp?SelectedTable=3&ViewSeries=
   NO&Java=no&Request3Place=N&3Place=N&FromView=YES&Freq=Year&FirstYear
   =1929&LastYear=2010&3Place=N&AllYearsChk=YES&Update=Update&JavaBox=no
   # (2011.3.28. 검색)

2 http://www.bea.gov/national/nipaweb/TableView.asp?SelectedTable=1&ViewSeries=
   NO&Java=no&Request3Place=N&3Place=N&FromView=YES&Freq=Year&FirstYear=
   1930&LastYear=2010&3Place=N&AllYearsChk=YES&Update=Update&JavaBox=no#
   Mid (2011.3.28. 검색)

3 http://www.bls.gov/cps/cpsaat1.pdf (2011.3.28. 검색)

4 NBER의 2008년 12월 1일 보고서(http://www.nber.org/cycles/dec2008.html).

5 NBER의 2010년 4월 12일 보고서(http://www.nber.org/cycles/april2010.html).

6 NBER의 2010년 9월 20일 보고서(http://www.nber.org/cycles/sept2010.html).

7 마르크스, 『자본론』 I(하), 김수행 역, 제2개역판, 비봉출판사, 2001, 609~610면. 번역서
   원문에서 간단한 띄어쓰기 등을 교정하여 인용함.

8 마르크스, 『자본론』 I(상), 김수행 역, 제2개역판, 비봉출판사, 2001, 19~20면.

9 마르크스, 『자본론』 III(상), 김수행 역, 제1개역판, 비봉출판사, 2004, 306면.

10 미국 전국경제조사국의 보고서 "US Business Cycle Expansions and Contractions"
   (http:// www.nber.org/cycles/cyclesmain.html).

11 미국 전국경제조사국의 보고서 "Annual Estimates of Unemployment in the United
   States, 1900-1954"(http://www.nber.org/chapters/c2644.pdf) 참조. 이 보고서는 본
   래 연구서 The Measurement and Behavior of Unemployment(Universities-National
   Bureau, NBER, 1957)의 211~242면에 실린 것임.

12 미국 상무부 경제분석국의 국민소득계정 중 '산업별 법인이윤' 항목〔http://www.
   bea.gov/national/nipaweb/TableView.asp?SelectedTable=239&ViewSeries=NO&
   Java=no&Request3Place=N&3Place=N&FromView=YES&Freq=Year&FirstYear=1

998&LastYear=2010&3Place=N&AllYearsChk=YES&Update=Update&JavaBox=n
o#Mid(2011년 3월 26일 검색)) 참조.

13 http://en.wikipedia.org/wiki/Federal_funds_rate(2011.4.20. 검색)

14 "S&P/Case-Shiller Home Price Indices" (http://www.standardandpoors.com/
servlet/BlobServer?blobheadername3=MDT-Type&blobcol=urldocumentfile&
blobtable=SPComSecureDocument&blobheadervalue2=inline%3B+filename%3D
download.pdf&blobheadername2=Content-Disposition&blobheadervalue1=
application%2Fpdf&blobkey=id&blobheadername1=content-type&blobwhere=
1245301368714&blobheadervalue3=abinary%3B+charset%3DUTF-8&blobnocache=
true(2011.4.20. 검색))

15 위의 문서, p.1.

16 http://www.stockcharts.com/charts/historical/djia2000.html(2011.4.20. 검색)

17 강동호, 『글로벌 금융 대공황』, 21세기북스, 2009, 195면.

18 http://projects.propublica.org/tables/treasury-facilities-loans(2011.6.27. 검색)

19 http://projects.propublica.org/bailout/main/summary(2011.6. 27. 검색)
    http://projects.propublica.org/bailout/list/simple(2011.6. 27. 검색)

20 http://en.wikipedia.org/wiki/File:Brent_Spot_monthly.svg(2011.4.21. 검색)

21 http://www.goldprice.org/gold-price-history.html#20_year_gold_price(2011.4.
    21. 검색)

22 http://www.marketoracle.co.uk/Article22050.html(2011.4.21. 검색)

23 http://en.wikipedia.org/wiki/United_States_public_debt(2011.4.21. 검색)

24 http://en.wikipedia/org/wiki/File:USDebt.png(2011.4.21. 검색)

25 http://en.wikipedia.org/wiki/United_States_public_debt(2011.4.7. 검색)

26 http://www.brookings.edu/opinions/2010/1203_jobs_greenstone_looney.aspx(2011.
    3.21. 검색)

27 위의 주소.

28 기획재정부, 『최근 경제동향』 2011년 3월(http://mosf.go.kr/_upload/bbs/78/attach/
    3월%20최근경제동향.pdf), 39면.

29 위의 자료, 35면.

30 남기업, 「〈8. 29 대책〉에 대한 종합 평가」, 『토지+자유 비평』3, 토지+자유 연구소, 2010.

31 Federal Reserve Bank of St. Louis, "The Financial Crisis: A Timeline of Events and Policy Actions" 〔http://timeline.stlouisfed.org/index.cfm?p=timel-ine(2011.3.21. 검색)〕 참조.

참고문헌

· 강동호, 『글로벌 금융대공황』, 21세기북스, 2009.
· 김수행, 『자본주의 경제의 위기와 공황』, 서울대출판부, 2006.
· _____, 『청소년을 위한 자본론』, 두리미디어, 2010.
· 남기업, 「〈8.29 대책〉에 대한 종합 평가」, 『토지+자유 비평』3, 토지+자유 연구소, 2010.
· 마르크스, 『자본론』I(상), 김수행 역, 제2개역판, 비봉출판사, 2001.
· _____, 『자본론』I(하), 김수행 역, 제2개역판, 비봉출판사, 2001.
· _____, 『자본론』III(상), 김수행 역, 제1개역판, 비봉출판사, 2004.
· 박형준, 『스티글리츠 대안적 세계경제체제를 말하다』, 동녘, 2010.
· 홍장표, 「글로벌 금융위기와 금융주도 자본주의」, 『마르크스주의연구』19, 한울, 2010.

· Albo, Greg & Sam Gindin & Leo Panitch, *In and Out of Crisis: The Global Financial Meltdown and Left Alternative*, PM Press, 2010.
· Dymski, Gary A., "From Financial Exploitation to Global Banking Instability: Two Overlooked Roots of the Subprime Crisis", in Konings ed., 2010.
· Ferguson, Thomas & Robert Johnson, "The 'Paulson Put', US Presidential Politics, and the Global Financial Meltdown", in Konings ed., 2010.
· Gowan, Peter, "The Crisis in the Heartland", in Konings, ed., 2010.
· Konings, Martijn ed., *The Great Credit Crash*, Verso, 2010.
· Konings, Martijn, "Rethinking Neo-liberalism and the Crisis: Beyond the Re-regulation Agenda", in Konings ed., 2010.
· Lewis, Michael, *The Big Short: Inside the Doomsday Machine*, Allen Lane, 2010.
· Livingston, James, "Their Great Depression and Ours", in Konings ed., 2010.
· Mishkin, Frederic S., "Over the Cliff: From the Subprime To the Global Finan-

cial Crisis", *Working Paper 16609*, National Bureau of Economic Research, 2010.

· Montgomerie, Johnna, "Neoliberalism and the Making of Subprime Borrowers", in Konings ed., 2010.

· Palley, Thomas I., "America's Exhausted Paradigm: Macroeconomic Causes of the Financial Crisis and Great Recession", *New American Contract*, New American Foundation, 2009.

· Panitch, Leo & Gregory Albo & Vivek Chibber, *Socialist Register 2011: The Crisis This Time*, Merlin Press, 2010.

· Sorkin, Andrew Ross, *Too Big To Fail: Inside the Battle To Save Wall Street*, Allen Lane, 2009.

· Willardson, Niel & LuAnne Pederson, "Federal Reserve Liquidity Programs: An Update", *The Region*, Federal Reserve Bank of Minneapolis, 2010.

· http://en.wikipedia.org

· http://mosf.go.kr

· http://www.bea.gov

· http://www.bls.gov

· http://www.brookings.edu

· http://www.goldprice.org

· http://www.homeprice.standardandpoors.com

· http://www.marketoracle.co.uk

· http://www.nber.org

· http://www.propublica.org

· http://www.stockcharts.com

· http://www.treasury.gov